野球に翻弄された男

広野功・伝

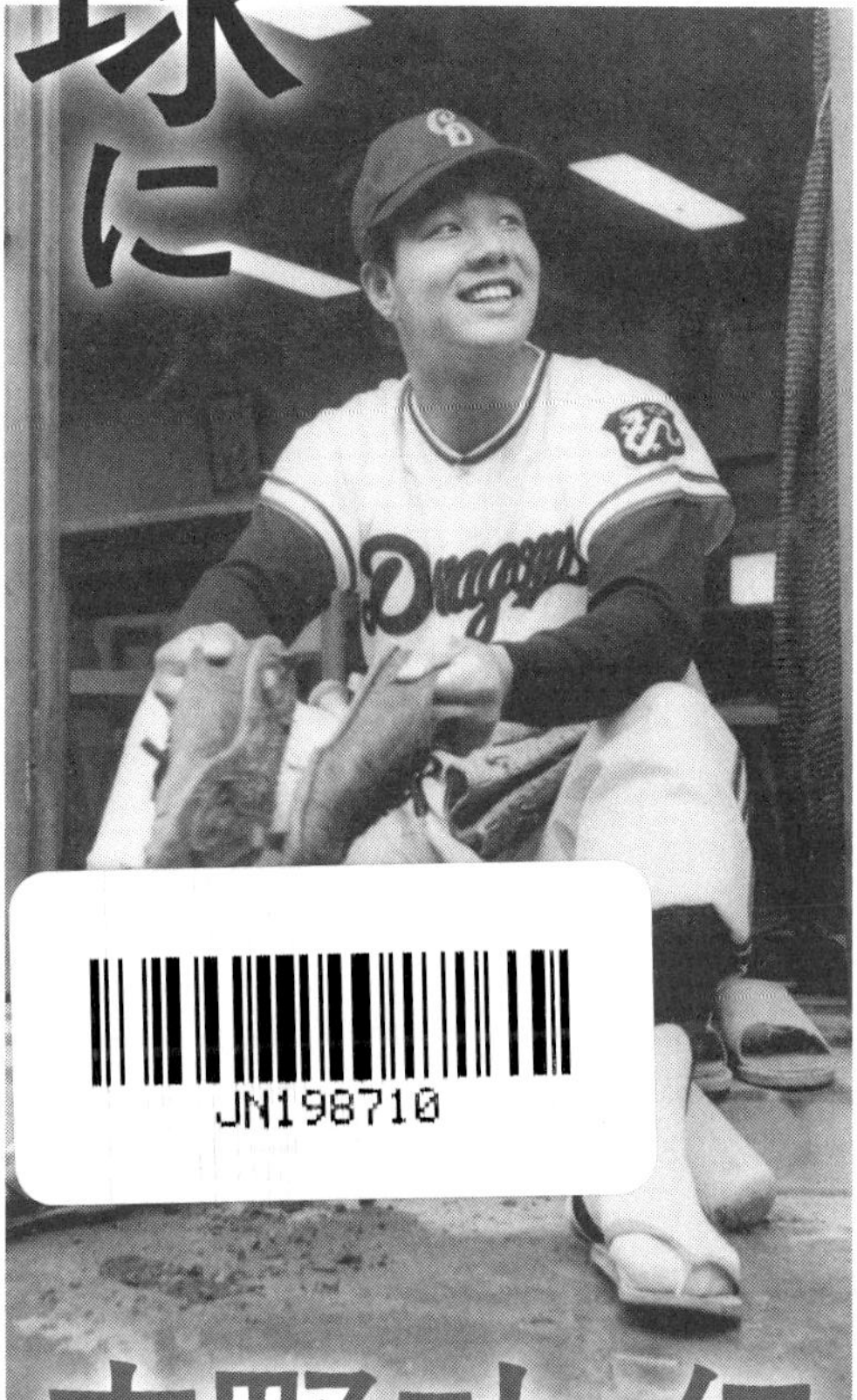

扶桑社

プロローグ――

野球に愛され、翻弄された男

広野功は1943(昭和18)年生まれの徳島県出身。徳島商業では甲子園春夏連続出場を果たし、慶應義塾大学に進学する。大学時代は長嶋茂雄の通算本塁打記録(当時)である8本に並ぶ活躍を見せ、ドラフト3位で中日に入団。3球団を渡り歩くと引退後は中日スポーツ記者、コーチ、編成部長などを務め、球界の表と裏を知り尽くした。

しかし、いまや彼の存在や球界に残した功績を知る人はそう多くはないだろう。現役時代に放った2度の逆転サヨナラ満塁本塁打はいまなお破られていない大記録だが、これは広野の野球人生を語る上でほんの1ピースに過ぎない。

100年近いの歴史を持つ日本のプロ野球だが、広野は導かれたようにその節目に立ち会っている稀有な人物だ。いわば、プロ野球界の生き証人とでも言えよう。それは、彼が体験した野球界の出来事をざっと紹介するだけで、一目瞭然だ。

広野が大学を卒業する際には、第1回ドラフト会議が開始された。広野は、現在まで続くドラフトの一期生なのである。また、選手が野球賭博に関与し、永久追放者が出た「黒い霧事件」の際は渦中の球団、西鉄ライオンズにいた。そして、巨人のV9を経験し、「我が巨人軍は永久に不滅です」のスピーチで知られる長嶋茂雄の引退試合にも出場している。

この間、広野が出会った人物は、鈴木惣太郎、板東英二、堀内恒夫、稲尾和久、王貞治、長嶋茂雄、星野仙一、川上哲治など日本の野球界にいずれも名を刻んだ傑物たちだ。

現役引退後はコーチとして落合博満、清原和博らを指導。コーチからフロントへ転身すると西岡剛の獲得や東北楽天ゴールデンイーグルスの創設にも関与する。

広野は野球に愛され、そして翻弄された。

本書では、広く野球界に功績を残した男の波乱の人生を紐解いていきたい。

目次

第1章

野球狂の父

「最後の早慶戦」の日に産声をあげた男

「僕はね、野球をやるつもりはまったくなかったんですわ。病弱だった母を見て、本当は医者になりたくてね。でも、不思議と野球をやる運命になっていったんです。もう、導かれているとしか思えんくらい、タイミング良く転機が訪れるわけですよ」

広野功は、柔らかな徳島訛りでこう話す。背筋がまっすぐ伸び、髪の毛や眉毛も黒々としているため、とても80歳を迎えているとは思えない。肩幅が広いこともあり、182センチの体はより大きく見える。現役時代は、さぞかし筋骨隆々とした体型だったのだろう。右手の人差し指が第一関節から、大きく親指側に湾曲しているのは、中日コーチ時代に金山仙吉のバットを掴もうとした際のケガだという。左手には金の文字盤の腕時計が渋く光る。これは、1988(昭和63)年の西武日本一達成を記念して贈られた腕時計で、広野は一軍打撃コーチを務めていた。

酒が弱く、甘党だという広野は、東京・池上近郊の喫茶店でアイスココアを啜りながら、球界とともに歩んだ人生を聞かせてくれた。

時計の針を広野の生まれ年である1943年まで戻そう。

第二次世界大戦の真っ只中であった1943（昭和18）年2月、日本軍は南太平洋戦域の拠点であったガダルカナル島を放棄した。この撤退作戦では陸軍約980 0人、海軍約830人を救出したものの、同島での戦死者は陸海軍合わせて約2万4600人にのぼり、艦船や航空機も多大な損失を受けた。また、同年4月18日には、2年前の対米開戦における真珠湾攻撃を成功させ、日本海軍の象徴的存在であった山本五十六連合艦隊司令長官がソロモン諸島で撃墜され、戦死する。もはや、戦争の趨勢は明らかになりつつあった。

このような戦況のなか東條英機内閣は兵力の不足を補うため、高等教育機関に在学する20歳以上の文科系（一部理系も含む）学生を在学途中で徴兵し、出征させる「在学徴集延期臨時特例」を10月2日に公布。いわゆる、学徒出陣である。同年10月21日には神宮外苑で出陣学徒壮行会が開かれ、東京帝国大学など77校から2万5000人の学生が集結した。高等教育機関への進学率が3パーセントにすぎなかった当時において、彼らは日本の中枢を担うはずのエリートである。志半ばで学業から引き離された彼らは、冷たい秋雨に打たれながら行進し、見送られ、そして多くが戦場で散っていった。

この壮行会から遡ること5日。早稲田大学の戸塚球場では出陣学徒壮行早慶戦、別名「最後の早慶戦」が開催されていた。これは、東京六大学野球リーグに加盟する早稲田大学野球部と慶應義塾大学野球部による太平洋戦争期間、最後のアマチュア野球試合である。戦地に赴く学生たちに、せめて最後に試合をさせたいという小泉信三慶應義塾長（当時）の思いから開催された一戦だった。選手たちも「もう生きて野球はやれまい」と覚悟を決めて臨んだこの試合は、今なおアマチュア野球界で語り継がれている。

奇しくも広野功は、この「最後の早慶戦」が開催された1943年10月16日に、徳島県徳島市昭和町で産声を上げたのである。のちに慶應大野球部の歴史に残るバッターに成長する広野だが、ここから彼と慶應の運命はリンクしていたのだ。

広野は長兄の孜《つとむ》とは7つ、次兄の翼《まもる》とは3つ年が離れた3人兄弟の末っ子として生まれた。

やり手で野球狂の父

広野の父・明夫は、大阪から運ばれる石油などの海運事業を手がける地元企業、宝扇商事の社員であった。広野が1歳を迎えようかという頃、父は満州駐在の命を受ける。1932（昭和7）年から1945（昭和20）年まで、日本は満州への移民政策を国策として推し進めており、14年間でじつに約27万人の農民が満蒙開拓団として入植。彼らを含め終戦時には約155万人の民間人が彼の地へ渡っていた。ビジネスチャンスが転がっていると、機を見るに敏な会社は優秀な若手社員であった明夫を送り込んだのであろう。このときに、ともに満州へ渡ったのが、次兄の翼と幼い広野、そして広野の母・恒子である。長兄の孜は、実家で祖母と暮らすことになった。

しかし、赴任して1年も経たないうちに戦況は悪化。1945年8月9日にソ連による満州侵攻が始まると、移住者たちは自力で逃げなければならなかった。この逃避行は壮絶を極め、彼らの3割は戦闘や自決などで亡くなったと言われている。

広野一家も例外なく戦争のあおりを受け、命からがら徳島へ逃げおおせたのだ。このとき広野はわずか2歳。ただ、母によれば「輸送船の船底で一度も泣かなかった」と言うほど、肝が座り、手のかからない子どもだった。

引揚船はなんとか舞鶴に着き、広野一家は瀬戸内の水路で高松へ。高徳本線に揺られてようやく徳島駅に着いた時に見えたのは、焼け野原となった故郷の姿だった。次兄が言うには、徳島県庁と丸新百貨店以外のビルはなくなっていたそうだ。徳島は1945年6月1日から7月24日までに、合計7回の空襲を受け、B29爆撃機によって焼き尽くされていた。

徳島駅から市内中心部へ歩く間、変わり果てたふるさとの姿に呆気にとられる父だったが、その脇にはまだ幼い息子たちが無邪気に笑っている。戦後のどさくさで教育も仕事もままならないなか、彼らをヤクザもんにするわけにはいかない——。父はこう固く決意した。

ちなみに、田岡一雄（山口組三代目組長）や益田佳於（山口組最高幹部）は、いずれも徳島出身である。

このような動乱期に、息子たちにどのような教育を行えばいいのか父は考えた。敗戦によって教育勅語など近代日本の教育方針は排除されていた。明治生まれの父にとって、新しい局面を迎える日本を背負う息子たちの教育は頭を悩ませるものだったに違いない。

そんなとき、父は1冊の本によって我が子の教育方針を定めた。その本は父の蔵書にあった『野球少年には不良がいない』という洋書。この本の著者はメジャーリーグ、ニューヨーク・ヤンキースの監督などを務めたケーシー・ステンゲルで、彼は1949年から1953年まで、ヤンキースをワールドシリーズ5連覇に導いた名将である。

『野球少年には不良がいない』

同書では、少年矯正施設にいた幼いベーブ・ルースが野球を通じて、いかに不良生活から脱し、成功したかが記されていた。これに父は感銘を受けていたのだ。

「体のでかい息子3人がどこの馬の骨かわからへん不良になってては困ると思っていた親父は、野球を通じて教育するという構想をつくったんです。父は徳島商業で野球をしていて、会社員時代も鞄にグラブを入れていたほどの野球好き。しかし、戦争で思うように野球ができなかった。こういう思いも息子に託したんです。小中学校から野球をやらせて、長男は投手、次男は外野手、三男は内野手、そして徳商で甲子園出場だと」

父はなお一層野球狂となり、息子たちに野球をさせるためにすべてを捧げた。父の野球教育への情熱は本物だった。長男が進学した中学校には野球部がなかったが、父は「野球部をつくってほしい」と校長へ直談判。「指導できる教師がいない」

と言う校長に対し、「私が先生に教えますから」と「ウルトラC」を提案したのである。満州で地元の子どもたちに野球を教えたこともあるという父は、土日に学校を訪れ、運動神経がよさそうな陸上部の教師をつかまえては野球指導に励んだ。

「いやあ、グラウンドも真っ平ですし、野球は無理やないですかね、お父さん」と邪険にする校長の言葉も意に介さない。父は野球部創設のために、自費でバックネットやマウンド、ダグアウトも建設してしまう。

このように、父が息子たちへ私財を投げ打てたのは理由がある。当時、父は宝扇商事の重役に上り詰めていたのだ。

当時の広野家には、門が構え、玄関までは石畳が続き、家を囲むように庭もあった。財を成した広野家は地元で有名であり、欠食児童だらけの当時、栄養状態のいいガタイの大きな三兄弟が街を歩くと道ゆく人が振り返ったほどだ。

「僕の小さい頃の写真も残っているんです。親父とお袋の写真が収められたアルバムもあるんですよ」

広野が見せてくれたアルバムには、写真館で撮影したようなモノクロの家族写真だけでなく、幼い広野の日常を切り取った写真も多い。スマホが普及した現代とは異なり、当時の一般家庭において写真を撮るのはハレの日のみだ。何気ないスナップのような写真を今に残せる、広野家の経済状況がうかがい知れる。

ちなみに、広野は小学校6年生のときに健康優良児として徳島県で1位になったこともある。健康優良児とは身体面や学業面などに優れた小学6年生を表彰する制度で、戦前から1978（昭和53）年まで行われていた。広野の表彰も、比較的裕福だった家庭状況の賜物だろう。

こうして、すくすく育っていく可愛い息子たちのためなら、一からグラウンド整備を行うことなど父にとっては、なんの躊躇もなかったのである。

「親父の全面協力の甲斐あって、長男は野球に没頭して、富田中学を卒業すると徳島商業へ進学したんです。まさに、親父の思い通りにいったわけですわ」

四国の強豪商業高校を指す「四国四商（高松商業、松山商業、徳島商業、高知商業）」の一角である徳商は、言わずもがな高校野球の名門だ。

徳商には幻の全国制覇と言われる逸話がある。1941（昭和16）年夏、戦争の影響により全国中等学校野球大会は中止となった。ただ、翌1942年夏には文部省とその外郭団体である大日本学徒体育振興会が「大日本学徒体育振興大会」を開催。武道などの他競技も行われ、野球の会場は甲子園球場だった。ここで徳商は優勝を果たしたのだ。しかし、朝日新聞社ではなく文部省主催のため、この大会は全国高等学校野球選手権大会としての記録には残っていない。それゆえ「幻の甲子園」と呼ばれ、徳商の全国制覇も幻となっているのだ。ちなみに、この大会の賞状は先述の徳島空襲で焼失してしまったため、ますます幻の意味合いは強まっている。

健康優良児の表彰を受けた際に撮られた記念写真

長兄が敷いた徳商→慶大のレール

孜が徳商に入学した1950（昭和25）年当時は、まだ幻の全国制覇の熱が学校のそこかしこに残っていた。悲願の全国制覇を果たすべく、親子鷹として父と孜は野球に没頭したが、甲子園出場は叶わなかった。しかし、3年の夏が終わっても拾う神あり。

「1953年に四国で行われた国体（第8回国民体育大会）で、徳商は決勝に進出したんです。兄貴たちは、ここでのちに中日入りする中京商業の2年生エース、中山俊丈に負けるわけ。ただね、この悔しさをバネに兄貴は慶應の野球部に入部するんです。ここから、広野家には徳商、慶應大というレールができるわけですわ」

中学に入っていた次男の翼は、兄の力投に魅せられ同じく徳商を目指して中学野球に打ち込んでいた。兄たちは毎日、泥と汗にまみれ、家でも父から熱い指導を受けている。父の目は当然、10歳の三男の将来も見据えていた。

広野の3つ年上の翼は、予定通り徳商野球部に入部。長兄は慶應大学野球部、次兄は徳商野球部という広野家は、すでに地元では野球一家として知られるところになっていた。父としても、みずからの教育方針がうまくいき鼻高々だっただろう。

広野自身も周囲からは「功くんも楽しみだねえ」などと言われ、当然野球をするものだと期待されていたし、父からは「お前も徳商に行け」と厳命されていた。

しかし、幼い広野少年の胸中は複雑だった。

「僕は野球は絶対にやりたくなかったんですわ。だって、兄貴たちは毎日クタクタで帰ってくるわけですよ。ほれで、毎日親父から色々と指導を受けている。この日々が自分を待っているのかと考えるだけで嫌だったんです。だから、僕は密かに医者になる夢を描いていたんです。僕は野球をしないで、勉強をして当時県内で一番の進学校だった城南高校に入るぞと。『功ちゃん、功ちゃん』と可愛がってくれた病弱な母親を医者になって助けたいと思っていたんです」

広野はなるべく父の前で野球の話題は避けるようにしていた。野球に興味があるそぶりを見せれば、父をやる気にさせるだけなのは明らかだったからだ。

「でも、そんな僕の努力も無駄でした。中学入学を控える2月に親父が勝手にユニフォームを買ってきたわけです。それで、一言『功、これ着ろ』ですよ。ほいで、無理やり中学の野球部の練習に連れていかれるわけ」

もはや、父の野球熱は止まるところを知らなかった。みずからの野球教育に自信を持っていた父の頭の中で、三男だけ野球をしないという未来はあるはずもなかったのだ。「親父、俺は野球なんてしたくない」と楯突くものなら、なんと言われるかわからない。

中学だけなら……と広野は諦めてユニフォームに袖を通した。

寒風吹き荒ぶグランドに連れていかれた広野は、寒さに震えながらも上級生と一緒に白球を追いかけた。グランドの脇に立ち、功を兄弟の〝集大成〟とすべく、じっと息子の動きを見ていた父は、帰宅後、広野へ言った。

「功、これからの野球は右投げ左打ちだ。お前は右利きだろう。左利きに変えろ」

広野は耳を疑った。

このオヤジ、何を言っとるんだ？　そもそも、野球をしたくないし、鉛筆も左で持ったら勉強できないやないか……。俺の人生、むちゃくちゃや。

しかし、右の言葉を広野は父に言えるはずもない。

「……わかりました」

それから箸も鉛筆も左手で持つ日々が始まった。結果的に、このアドバイスで広野はプロ野球選手になるのだから、父には先見の明があったのだろう。このように広野の父は、かなり強引な気質があり、ときに野球指導のためならとんでもない行動力を発揮した。

野球への薄い関心を翻意させた早慶戦

1957（昭和32）年春、大阪タイガース（現・阪神タイガース）は、徳島県営蔵本球場でキャンプを張る。

「親父は、いい機会だと思って、8ミリフィルムカメラ片手に連日通い、当時若手のサウスポーであった西尾慈高投手のフォームを撮影していましたわ。しかも、映像を撮るだけでは飽き足らず、写真に焼いてたんです。今で言う連続写真の走りですね。その写真をもとに、同じく投手だった長男にアドバイスを送っていたわけです」

後年、広野は中日ドラゴンズに入団した際に、その西尾と言葉を交わす機会があった。西尾は広野の父のことをはっきりと覚えていた。

「熱心に撮影してたのはお前のオヤジだったのか。しかも、撮影だけじゃなく、俺の家まで押しかけて『撮影させていただいたお礼です』と言って、その連続写真をくれたんだ。ほんとに変なオヤジだったよ」

このような父の〝変態ぶり〟を見ていた広野は、当時中学3年生。しかし、父の熱意とは反対に野球へ気持ちが向くことはなかった。

そんな広野が野球に魅せられるのは、1957年の秋である。

いつものように中学校で授業を受けていた広野は「父から電話が入っている」と教師に呼び出された。何事かと思い受話器を取ると、父は電話口で「わけは聞かんでいいから早く学校から帰ってこい」と言うばかりだ。

「ほれで、家に帰ったら、『孜の慶早戦を見に、これから東京に行くからお前も来い』と親父が言うわけです」

急な出来事にうろたえる広野少年を横目に、父は当然のごとくこう諭した。

「孜の最後の慶早戦だ。これを見ずにおられるか。学校のことは心配するな。俺が知り合いの医者に掛け合って、お前が流感にかかったという診断書を作ってもらったから、あとで学校に出してくる」

我が父の狂気のふるまいに呆れながらも、広野少年は東京に行けるならいいかと従った。その日の夜、広野と父は特急列車に飛び乗り、長兄の待つ神宮球場を訪れたのである。

この年の東京六大学野球は、長嶋茂雄最後のシーズンであった。当時は長嶋茂雄、杉浦忠、本屋敷錦吾が「立教三羽烏」と呼ばれ、六大学野球の人気が沸騰。長嶋は当時の六大学記録である通算8本塁打目を同年11月3日の慶應大戦で放っているが、この試合には約5万人の観衆が集まったほどである。スライダーが武器の好投手だった孜も慶應大投手陣の一角を担い、この試合もリリーフとして8回から登板。しかし、長嶋に左前安打を許すなど1点を献上した。ただし、孜は前年のシーズンでも長嶋と対戦経験があり、三振や凡打に打ち取った打席もあることは彼の名誉のために付記しておきたい。

初めて訪れる東京の景色に広野の心は躍っていた。1957年は、岸信介内閣が誕生し、プリンス・スカイライン（のちに日産）の販売がスタートした年である。戦後から、徐々に復興する人々の熱気が高まっている東京に、広野は降り立った。

「徳島にはない人混み、電車、車の数々に驚きましたね。ただ、それ以上に衝撃的だったのは早慶戦の熱狂ですよ。OBや在校生がうわーっとスタンドを埋めていて、慶應の応援席からは『若き血』、早稲田の応援席からは『紺碧の空』の大合唱ですよ。徳島じゃ、見たことがない光景だったんです」

11月9日と10日に行われた早慶戦には、多くの観衆が神宮球場に押し寄せた。徳島の田舎から出てきた広野が驚愕するのも無理はないだろう。結果的に慶應は2敗を喫し、広野の兄も出場機会がなかったが、この早慶戦は広野少年の心に深く刻まれたのだった。

「これが世に名高い、学生による世界三大競技（野球、ラグビー、レガッタ）の一角かと感動しましたね。そこから、僕も慶應で野球がしたいと思ったんです。自分は勉強して、城南高校から慶應大に行くぞと描いたんですわ」

野球の神様が広野を慶應大学に導いた瞬間である。しかし、野球の神は悪戯好きとしてつとに知られる。神は東京六大学野球リーグの聖地・神宮球場を目指す広野に甲子園球場への夢を見せ、徳商に進ませるのだ。

板東英二を擁し、次兄が甲子園に出場

孜の最後の早慶戦の翌年。1958（昭和33）年に徳商は板東英二をエースに据え、夏の甲子園へ出場する。このとき徳商の監督だったのは須本憲一（元・東急）。須本は徳商が「幻の全国制覇」を果たしたときの主将兼遊撃手であり、悲願の全国制覇に向けてなみなみならぬ思いを抱いていたことだろう。ちなみに、徳島県勢による夏の全国制覇は、1982（昭和57）年に池田高校が成し遂げているが（翌春のセンバツも優勝）、同校を率いる蔦文也監督は、須本の徳商の先輩であり、東急のチームメイト。1952（昭和27）年に池田の監督に就任してまだ手探りだった

頃の蔦は、須本率いる徳商の練習を見に来ており、広野の次兄、翼も蔦の姿を覚えているという。その翼は3番打者として板東とともにその年の徳商の快進撃を牽引。3回戦の八女高校（福岡）戦では、ホームランを放って功をしびれさせた。

徳商は準々決勝まで駒を進め、魚津高校（富山）との対戦となった。これこそ、のちに語り継がれる板東英二と魚津の村椿輝雄の18回引き分け再試合である。3時間38分の熱戦に4万人がゆだる甲子園のスタンドに、弟の功もいたのだ。これが広野の運命を野球へとぐっと引き込んだ。

「18回お互い一歩も譲らず、戦う姿を見たわけです。再試合では3対1で徳商が勝って決勝戦まで進んで、結局はそこで負けてしまうのですけど、ここに至るまですべてが感動的じゃないですか。こんな世界があるのかと震えました。兄貴の徳商での戦いを見て、やっぱり自分の行く道は、甲子園から神宮やなと思って、徳商、慶應というラインを自分の中で引いたんですわ。そこから僕の歴史が始まっていくわけですよ」

かくして「親父、俺も徳商に行く」と三男に言われた父は大喜びだった。長男は慶應を卒業後、都市対抗野球で2度の優勝に輝く名門・八幡製鉄に入社、次男は甲子園準優勝校のクリーンナップ、三男も来年から兄たちに続いて徳商で全国制覇を目指す――。みずからが敷いたレールを、思った以上の速度で機関車のように荒々しく突き進む息子たちはさぞかわいかっただろう。しかし、順風満帆な息子たちの成長と反比例するように、父の事業には深い影が落ちていた。これも広野の運命を翻弄することになる。

家計は火の車、三兄弟の学業に影

広野の父は宝扇商事を抜け、陸運事業を開始しようとしていた。宝扇商事が運んできた石油などを徳島や高知へタンクローリーで運ぶ算段である。時は高度経済成長の真っ只中。自動車販売台数の飛躍的な増加に象徴されるように、アブラの需要はうなぎのぼりだった時代だ。

この会社を起業しようとしたのは、1959（昭和34）年頃。次兄の翼は慶應大の受験に失敗して浪人生活に向けて準備を進め、三男は徳商野球部に入部し、甲子園と神宮を目指していた時期でもある。収入が途絶えていた広野家の家計は一時的に窮地に陥っていた。息子3人を慶應大学へ行かせようと考えていた父は、この現実に向き合わねばならなかった。

広野はこの時期に、母が父に放った言葉が忘れられないという。

「お父さん、息子たちが野球を頑張って、バットを折ってくるのはいいんです。だけど、このままだと家の大黒柱が折れてしまいますから、どうにかしてください」

父は家のために大きな決断を迫られていた。

春先のある夜。練習を終えて帰宅した広野は家族の物々しい雰囲気を感じとった。居間の上座には、父が苦々しい顔で鎮座しており、隣では母と次兄が俯いて座っている。広野が着座すると父は重い口を開いた。

「経済的に、2人を同時に慶應に行かせることはできない」

1960(昭和35)年の慶應大の学費は3万円。当時の大卒初任給の平均は1万3000円であるから、決して安い金額ではない。それに仕送りなども加えると2人同時に慶應大へ行かせることは、当時の広野家にとって至難の業だった。

「そこでだ。功も慶應を志望しとる。翼、お前は1回受験に失敗してるんや。今回は弟に譲れ。お前には阪急からスカウトも来とった。大学受験だから断ったが、今から連絡すればまだ間に合う」

「……わかりました」

翼は涙を流して、父の言葉を受け入れた。功は、兄にかける言葉が見つからなかった。

当時、まだプロ野球はドラフト制度以前で、自由競争の時代である。現在のように入団に際して明確なルールがなかったため、広野の次兄のような措置を講じることができたのだ。孜の慶應大の先輩であり、阪急入りしていた中田昌宏らの口利きもあって、翼は入団テストを受けることになる。そして、見事テストに合格した翼は1960年に阪急に入団する。しかも、翼はこのときの契約金300万円を会社設立の資金として父に渡したのだった。

次兄が阪急入りしたとき、広野は徳商の2年生。すでに左翼手として3番を担い、春の甲子園を目前にしていた。

2年生で甲子園出場

「高校時代の目標は甲子園に出ること。それが2年次に叶ってしもたんです。ただ、春夏連続で出場してもベスト4止まりで、全国優勝はできんかったんですわ」

2年生で出場した第32回選抜高等学校野球大会は、広野にとって初めての甲子園だ。次兄が板東英二とともに激戦を繰り広げた憧れのグランドに、足を踏み入れた。

「万感の思いでしたね。スタンドは、それまでの球場ではありえないほど聳え立っとって、観客に押しつぶされるような感覚がありましたよ」

1回戦で敦賀（福井）を下したものの、徳商は2回戦で滝川（兵庫）に敗れてしまう。徳商はこの悔しさを胸に夏の大会は無類の強さで南四国大会を制覇。広野は2年生の夏に、すぐさま甲子園に帰ってきた。

選抜で2回戦で散った徳商だが、今大会は1回戦で享栄商（愛知、現・享栄高校）を撃破し、2回戦も米子東（鳥取）を大差で破る。米子東は先の選抜の準優勝校であり、エースは、のちに早稲田大から巨人入りする宮本洋

第32回選抜高等学校野球大会にて（左から2番目が広野）

二郎だった。選抜準優勝校の好投手を攻略した徳商は、その勢いのまま準決勝に進出した。

「準決勝は静岡高校で、早稲田に行くことになる石田勝広がピッチャーでした。石田は、速球のキレが良くて、低めの制球力が抜群。なかなか打てずに3対1で負けてしまうわけです。主将も石田とともに早稲田に行き、のちに早大監督も務める石山健一。強かったですね。この年、優勝するのは法政二高で、柴田勲（元巨人）の天下でした」

板東や広野の次兄が果たせなかった優勝まであと一歩のところまで迫るも、徳商ナインは涙を飲んだのである。ただ、ベスト4のメンバーが多く残った広野らの代は、周囲からさらなる期待をかけられていたことは言うまでもない。もう1年あれば、全国制覇の可能性は十分にある。

しかし、このとき広野の心はすでに甲子園から離れていた――。

2年生の秋「退部届」を提出

「高校3年の春夏の甲子園は、僕にとってもうどうでもよかったんですよ。慶應大に行って神宮で野球をやりたいから、徳商の野球部を2年生の秋でやめて受験勉強に専念しようと思って、監督に退部届を出しとるんですよ」

広野は2年生だった1960年に、左翼手として春夏の甲子園を経験している。野球狂の父親は、野球部の後援会長に就任し、3年になった息子が優勝旗を徳島に持ち帰る光景を心待ちにしていた。学校側も同じく、1958年に板東英二が叶えられなかった全国制覇の夢を広野に託していたはずだ。広野の退部届など、受け取れるはずがない。

「夕方の一家団欒の時間に、校長が電話してきましてね、『広野さん、お宅の息子さんがとんでもないことを言うとるんですよ！　ご存じですか？』って親父に泣きつくんですよ」

広野は甲子園への未練のなさや慶應大へ気持ちが向いていることを素直に父に伝えた。三男を慶應大へ入れるという目標があった父にとっても、広野の気持ちは痛いほどわかる。慶應大の受験に失敗した次男に対し、金銭的な理由で浪人をさせてやれなかった罪悪感もあっただろう。三男の功には、万全の状態で慶應大へ受験させてやりたいが……。

「お前の考えはわかる。しかし、主力のお前が抜けて甲子園に行けないとなると仲間がどう思うか。それと、俺は徳島商業野球部の後援会長という立場もある。お前の一存では決められんから、俺が学校と一度話してくる」

そう言い残し、すぐさま校長がいる学校へ交渉に臨んだのだ。

父が校長室に入るなり、校長は鬼気迫る勢いで説得を始めた。

「後援会長の息子で、クリーンナップ3番を張っている男が退部なんてとんでもない。後援会も学校もせっかく全国優勝できるかもしれないと意気込んどるのに。お父さん、なんとかなりませんか」

2時間にわたる校長の必死の訴えに父は折れた。夜9時頃、学校から帰宅した父は一言「功、続けろ」と言うのみだった。

こうして広野は、慶應大への気持ちを一旦抑え、再び甲子園を目指して野球に打ち込んだ。

〝夢やぶれ〟晴れやかな夏

迎えた3年の夏。徳商は広野とのちに南海ホークスへ進むエースの妹尾幸一、広島東洋カープへ進む多田勉らを擁し、南四国大会の決勝に進出する。しかし、立ちはだかったのは高知商業の高橋善正だ。高橋は東映フライヤーズ入団後、史上12人目となる完全試合達成者となるサイドスローの好投手である。

妹尾、高橋の好投に両チームの打線はふるわず、試合はゼロ行進が続く。8回が終わったところで、夕立が降った。降りしきる夏の雨のため、試合は一時中断。ここで、徳商のエース妹尾の緊張が解けた。体も冷え、マウンドもぬかるむなか、9回裏にストライクが入らない。結果、満塁押し出し四球で徳商はサヨナラ負けを喫したのだ。

昨夏、甲子園の準決勝まで進み、そのメンバーが多く残る徳商にとって予選は通過点だったに違いない。校長らも全国優勝を夢見るほどだ。夕立後の湿度高まる四国の夏空の下、メンバーは茫然自失となったり、泣き崩れたりしている。しかし、その中で1人、晴れやかな顔で前を向いている男がいた。広野である。

「僕は、ようやく勉強ができるぞと思ったわけです。それで、夏の甲子園後に日吉グラウンドで行われる慶應大のセレクションにすぐに応募したんです」

甲子園予選敗退後から、セレクションへ向けて広野は勉強と野球の練習をこなし、いよいよ憧れの日吉の下田グラウンドを訪れた。フェンスや選手のユニフォームに「KEIO」の文字が燦然と輝く空間に広野のアドレナリンは大量に放出される。

バッティング練習では、ライトへ柵越えを連発。ライトに面した道路は、東急バスが通ることから「バス通り」と呼ばれるが、そこへボンボン放り込んだ。

「僕は足も速かったんですよ。ベースランニングを測ったら1周14秒3で走った。そしたらみんなが『うおー、すごい！　ストップウォッチ押し間違ってんじゃねえか？』と騒いどる。前田（祐吉）監督は『榎本と同じぐらいのタイムだ』と言ったのを覚えています」

前田監督が引き合いに出した榎本とは、1961（昭和36）年春シーズンで首位打者を獲得し、外野手として3度ベストナインに輝いた慶應大の榎本博明だ。六大学トップの選手に次ぐ素質をアピールした広野は、慶應大ナインから大きな期待を受けたのである。

現在、六大学野球リーグの加盟校で慶應大と東京大だけスポーツ推薦がない。慶應大は1990年に日本で初めてAO入試（総合型選抜）を導入し、事実上のスポーツ推薦だと批判されたが、それでも狭き門なのは間違いない。事実、2020（令和2）年には、当時中京大中京を明治神宮大会優勝に導いた高橋宏斗（中日）

が、ＡＯ入試で不合格となったことからも、慶應大野球部のシビアさは伝わるだろう。さらに前、１９７４（昭和49）年には作新学院の江川卓（元巨人）も不合格となり、法政大へ進んだエピソードも有名だ。

江川から遡ること12年、１９６２（昭和32）年の広野の時代も例外ではない。実際、広野の次兄が不合格となり、プロへ進んだことは前述の通りである。

慶應大学学科試験の壁

高校生離れした打撃と走塁を見せつけた広野は、続いて学科試験を受けた。しかし、１００点満点中30点平均しか取れない。商業高校で、かつ生活のすべてを野球に捧げていたのだから、この結果は当然なのだが、周囲のセレクション生の点数を見て驚いた。旧制大阪第一中学校の流れを汲む北野高校、兵庫県トップクラスの私立進学校の灘高校などからやってきた連中は、90点越えを軽く叩き出すのである。

これは勝負にならん……。

自分は誰よりも打てて、走れるのに、おそらく慶應大に入れるのは彼らなのだ。そんな暗い忸怩たる思いを抱え、広野の慶應大への希望は急激に縮まっていった。

顔の広野に対して、慶應大野球部マネジャーが声をかけた。

「おい広野。前田監督が呼んでるからグラウンド脇の監舎に行け」

慶應大野球部を熱望する広野にとって前田監督は、雲の上の存在なのは言うまでもない。前田は高知県立高知城東中学校（現・高知追手前高校）のエースとして1946年の夏の甲子園に出場。慶應大の現役時代は、投手として3度の優勝を経験し、社会人野球の日本麦酒（現・サッポロビール）では都市対抗野球にも出場した。そして、1960（昭和35）年に慶應大の第9代監督に就任。1960年秋のリーグ戦では早稲田大監督の石井連藏と伝説の「早慶6連戦」を戦うなど、すでにその名前はアマチュア野球界に轟いていた。

前田は1965（昭和40）年に監督を勇退するも、1982（昭和57）年に再度就任。1985年には、57年ぶりに慶應大を無敗優勝に導き、没後の2020年には野球殿堂表彰者に選出されたアマチュア球界の偉人でもある。

そんな前田からの呼びかけに、広野は緊張の面持ちで監舎に入った。広間のソファにユニフォーム姿で腰掛ける前田は、緊張の大汗をぬぐう広野をまっすぐ見つめてこう告げる。

「広野君、いいかね。君は野球はもう100点満点で合格。しかし、勉学、最悪。

これでは無理だ」

監督直々に失格の烙印を押された広野は、呆然と立ち尽くすしかなかった。

「だが、受験まであと半年ある。ここに慶應通信社から出版された『英語の教室』(田村芳雄著) というテキストがある。これをとにかく勉強してくれ。他の参考書なんか使わず、これを丸暗記できたら最高や」

思いがけない前田の言葉の意味がわからない広野は、一瞬言葉に詰まった。しかし、ようやく状況を飲み込むと「はい! わかりました!」と二つ返事で返したのだ。

授業そっちのけで問題集に首っ引き

1965年の勇退まで、慶應大を3度のリーグ優勝に導くことになる前田監督にとって、広野は欠かせない存在だと考えての措置だろう。前田の言葉に燃えた広野は、地元徳島に帰ってから猛勉強を開始。睡眠時間を3時間まで削り、学校の授業中でも慶應大の問題集を解き続けた。

「学校の授業は数学であろうが、経済であろうが、もう全部飛ばしてとにかく英語。文学部か法学部しか受験しないから理系はいらない。国語と社会と英語です。英語は200点満点ですから、英語が満点取ればほぼ合格という感じでした。ただ、授業を聞いとらんわけですから、学内のテストは赤点。その態度が気に入らないからと教務部に呼ばれて、何回か職員会議にもかかり、挙句の果てに校長に呼ばれました」

公立校の長として、校長の怒りはごもっともだ。秋口の西日が差す校長室で、広野と校長は対峙した。

「広野君、わかっていると思うが、我が校は公立校だ。君が慶應を目指しているのはようわかるが、これでは他の生徒や教師に示しがつかん」

「先生、我が校は徳島の県立高校ということはよく存じています。でも、とにかく目をつむってください」

結局、校長は広野を無罪放免とする。

「校長は僕への負い目もあるわけですよ。僕の退部届を止めているから。だから、絶対ダメだって言わんのです。その校長も最後にはすごい協力的になってくれて、英文和訳の問題をくれたり、添削したりしてくれたんですよ」

のちのスカウト活動で発揮されるような交渉術を駆使し、したたかに勉強に明け暮れた広野は、年明け1月に再び慶應大のセレクションを受けに姫路球場（兵庫）へ向かう。すでに「野球は満点」と前田監督のお墨付きをもらっていた広野の目的は、プレーではなく勉強でのアピールに他ならない。

テストは、30点平均からほぼ満点まで上がっていた。これには前田監督も「お前、どんな勉強してきたんだ？」と驚愕した。

「そしたら、その場にいた福島敦彦さんが、『お前、徳島に帰るんでなしに、俺と一緒に横浜へ行こう』と、こう言うわけです」

福島敦彦とは、当時の慶應大野球部員で、1976年には同野球部監督に就任する人物だ。福島は広野の次兄・翼とともに慶應大を受験した仲であり、「弟を頼む」とお目付役を託されていた。

広野の点数を見るなり、福島は広野にこう告げた。

「お前の兄貴はなぜ慶應に落ちたか知っているか？」

「いや、聞いたことないです。勉強ができなかったんじゃないですか」

「違う、違う。お前の兄貴は慣れない環境に緊張で上がってしもて、問題に集中できんかったんだ。だから、お前はこのまま俺と日吉に行って、校舎を歩いて、環境に慣れてから受験しろ」

広野は父にことの顛末を伝え、福島の実家に泊まった後、夜行列車に乗って横浜へ向かった。日吉の下田グラウンドすぐ近くにある合宿所の福島の部屋に居候し、受験勉強を続けた。日に一度、勉強の合間には日吉の校舎を歩いた。トイレの位置、教室の大きさなどを見て回り、受験に備えたのだ。

「でも、当然問題が起こるわけです。僕は徳島に帰っていないのです。1月の冬休みが終わると高校が始まるわけですよ。それで僕がいないわけ。そしたら、また校長から父親に『おたくの息子さん、登校拒否しているようです。どういうことですか』と電話がかかってきたわけです」

父は再び、校長に呼びつけられた。

「広野さん、うちは私立じゃない。わかってるんですか」

「わかってるよ」

父は返す刀でこう続けた。

「1年前に勉強のために退部したいと言った息子を止めたのは校長、あなただ。次男は慶應の受験に失敗し、浪人させられないから涙を呑ませてプロに行かせた。その負い目もあったから、甲子園出場を果たした三男には勉強をさせたい気持ちもあった。それを止めたのはあんただよ。でも、公立というおたくの都合もわかる。

……じゃあ、こうしよう。もし息子が今回受験に失敗したら、留年させてくれ。受かったら、卒業証書を出してくれ」

親子揃っての厄介ぶりなのだが、これを校長は呑んだのである。

「僕はそんなことはまったく知らずに、必死になって勉強していました。それで受験当日。そしたら、もう神さんが助けてるとしか思えないんですわ。英語の書き換え問題を見たら、前日見た問題がそのまま出たんですよ。もう、スラスラ解けるわけ。あと、校長の教えも効いた。文章を和訳するときはわかる単語を見つけて想像して解けと。わからん単語が形容詞ならしめたもので、『綺麗』も『美しい』も変わらないから、ある程度合っていたら0点はないんだと。これもうまくはまっていくわけです。他にも国語で漢字の『襖』の読みがわからなかったけど、天から降ってきたように『ふすま』と書けたんです」

かくして、受験を終えた広野。合格発表までの約10日間は気が気ではなかった。ここまで周りがサポートしてくれたなかで、不合格とあらば徳島に帰ることはできない――。

合格発表当日。「胸張って見てこい!」と福島に声をかけられ、広野は日吉校舎のエントランスに掲げられた掲示板と対面した。そこには法学部と文学部、どちらにも広野の番号が記載されていた。弟のように可愛いがった福島も、安堵した様子を見せていた。法学部政治学科は卒論がなく、卒業のハードルが低いことを前田に教えてもらい、広野は晴れて塾生の仲間入りを果たすこととなる。

「嬉しかったですね。すぐに徳島に電話で報告しました。でもね、意気揚々と学校に報告に行ったら、校長以外の先生にはそっぽを向かれましたよ。他の教師は『な

慶應大学図書館にてポーズを取る広野

に？　広野が来た？　ふざけるな、私たちの授業をなんだと思っとんだ』と言わんばかりに」

教員の総スカンを食らうも、約束通り卒業はさせてもらい、広野は念願だった慶應大に1962（昭和37）年に入学する。

合宿所での暮らしとこれから始まる塾生としての生活に広野の心は躍っていた。

慶大3年でレギュラー獲得

憧れの早慶戦に出場し、神宮球場の土を踏むことを夢見る青年だったが、広野がレギュラーを掴むのは3年生のときだ。

「小泉信三先生がまだお元気だった時代です。信三先生は塾生からすれば、伝説の人。先生は杖をついて歩きながら、六大学野球リーグ戦が始まる前に、桜が咲く野球部のグラウンドに来るわけですよ。ほんで、部員に訓示してくれるんです」

小泉信三といえば、1933（昭和8）年から1947（昭和22）年まで慶應義塾長を務めた経済学者だ。広野が生まれた1943年10月16日に開催された「最後の早慶戦」の立役者であることは冒頭で述べた通りだ。父・信吉も塾長を務め、また信三は皇太子明仁親王の教育係としても知られている。彼は広野ら塾生に向かい「野球部員になる前に塾生たれ」と訓示した。

「信三先生の言葉もあって、1、2年生はまずは勉強をしなければなりませんでした。つまり、1、2年の間に単位を取れということで、信三先生の言葉を絶対に守る前田監督は少なくとも1年生はレギュラーにしないわけです。なので、1年生の頃はほとんど野球をせず、授業を受ける日々。グラウンドに行っても、球拾いとグラウンド整備ですよ」

　また、当時の慶應大も現在とは違って、ゴリゴリの体育会系だった。1年生がたるんでいると見るなり、すかさず3年生が「集合」をかける。「集合」とは教育係である2年生も含めて、合宿所に集め、1時間以上、板の間で正座

慶大野球部時代の広野。3年からレギュラーで強打の一塁手だった

のまま下級生に説教を聞かせるのだ。

「僕らの同期に体が弱いやつがいて、正座を40分くらいするとたまに体が痙攣するんですよ。そいつに、『お前、ウソでもいいから30分経ったら、痙攣してくれ』と頼んでいました。すると、上級生は危険だからということで説教をやめてくれたんですわ」


こうした下積み生活を経て、3年春から一塁手としてレギュラーを掴んだ広野は、4年秋から4本塁打を放つ追い上げを見せ、長嶋茂雄が持つ当時の東京六大学野球のホームラン記録8本に並んだ。ちなみに、この8本目を打った際の対戦投手は後に東京オリオンズへ入団し、史上13人目の完全試合達成者となる早稲田の八木沢荘六（作新学院）である。

「僕は2年間で8本。長嶋さんは1年から出場していたので4年間で8本。この2年の差を僕は誇りに思っているんです。また、実は僕には9本目のホームランがあったかもしれないんです」

広野が8本目を打った次戦、早稲田は三輪田勝利（中京商）が投げた。大記録がかかる広野に対し、慶應大キャプテンの江藤省三（元巨人）らは「全部ホームランを狙え」と発破をかける。しかし、そのプレッシャーで力が入った広野は3打席連続三振を喫してしまう。

迎えた最終4打席目。三輪田が投じた真ん中の甘い球を思い切り振り抜くと、右中間に打球が飛んだ。感触は完全にホームランだ。ベースを回る広野の目に、スタンドの応援団がバッと割れるのが見えた。

「絶対に入ったと思いました。しかし、フェンスの角に当たって結果は3塁打に。あれが入って、新記録を作っていたら僕の人生はまた違ったのかもわからんですね……」

対戦相手の三輪田は阪急ブレーブスでプレー後、スカウトとしてイチローを発掘したことで有名だ。三輪田がスカウトしたイチローとも広野は不思議な縁があるのだが、それはまた後述しよう。

こうして長嶋の記録に並び、ベストナインに輝き、そして3度のリーグ優勝を経験した広野は、当然プロからも注目されていた。

「ただ、僕はね、もしかしたら、メジャーリーガーになってたかもしれんのですよ」

幻のドジャース入団

1965（昭和40）年11月17日、日本のプロ野球界ではじめてのドラフト会議が開催され、広野はいわばドラフト一期生として中日から3位指名を受けて入団している。だが本人としては、大学3年の頃から、アメリカに目が向いていたという。

広野がアメリカを意識したきっかけは、3年次の1964年10月11日に開催された東京五輪のデモンストレーションゲームだ。この日、日本学生選抜と社会人選抜がそれぞれ全米アマチュア選抜と1試合ずつ戦い、神宮球場には約4万5000人の観衆が集まった。そして、大下剛史（駒澤大、元・東映など）や長池徳士（法政大、元・阪急）、末次民夫（中央大、元・巨人）、武上四郎（中央大、元・サンケイ、ヤクルト）など錚々たるメンツの中で広野は4番ファーストとして起用されたのである。

「帽子には『J』と書いてましたけど、共通のユニフォームまで作る時間や取り仕切る連盟がないから、みんな駒澤大のユニフォームを着させられました。その前の日本選手権で駒澤大が優勝したせいで、駒澤大から選ばれたメンバーが多かった。だから、他の大学の選手も『KOMAZAWA』ユニフォームで揃えなさいという

帽子は「J」も「KOMAZAWA」ユニフォーム（後列右が広野）

こと。なんとも乱暴な話なんですよ」

ちなみに、社会人選抜も同様で都市対抗野球で優勝した日本通運のユニフォームを着用。胸には「JAPAN EXPRESS」の文字が刻まれた。そんなちぐはぐなユニフォームに、広野は苦笑いするが、試合が始まるとそんな不満は吹き飛んだという。アメリカの選手のプレーや体格に圧倒されたのだ。試合は学生選抜は2対2でアメリカと引き分け、広野はノーヒットに終わる。ただ、この経験を経て広野のなかでは、アメリカで野球を学びたいという思いが沸々と湧いたのである。

その気持ちを受け止めたのが、慶應大の前田監督だ。「お前なら、日本石油、日本鋼管、カネボウだろうが、慶應ラインでどこへでも行けるが、就職どうするんだ?」と進路を尋ね、これに広野が「アメリカに行きたい」と即答すると、さっそく動き出したのである。

前田は伝手をたどり、繋がったのは鈴木惣太郎である。鈴木といえば、プロ野球草創期の日米野球交流に尽力し、野球殿堂入りも果たした日本球界を語るうえで欠かせない人物だ。1934(昭和9)年の日米野球の際は来日を渋るベーブルースの説得のため、アポ無しで散髪中の彼のもとを訪れたことは有名である。また、戦後はプロ野球再興のため、GHQに接収されていた神宮球場、阪急西宮球場、阪神甲子園球場の解除に奔走したことでも知られる。

アメリカとの太いパイプを持つ鈴木は「そのフロンティア精神は素晴らしい。応援する」と快諾し、ドジャースのオーナーだったウォルター・オマリーへ話を持っていったのだ。六大学を代表するスラッガーだった広野に興味を示したドジャースは調査を開始し、当時中日にドジャースから臨時コーチとして来日していたハートフィールドに広野のレポートを出すよう指令が下った。

長嶋に並ぶ記録を打ち立てた六大学野球のスターが日本球界をスルーしてアメリカに渡ると聞きつけたマスコミも騒ぎ立てる。10月22日には『スポーツニッポン』が早くも「広野ドジャースへ」という記事を飛ばした。記事では西鉄スカウトが「ドラフトなんか作るからいい選手がどんどん逃げていってしまう」と言えば、近鉄の永江球団社長も「ランクの書き直しをしなくてはいけない」とコメントを発するなど球界全体が広野の動向に注目していたことがうかがえる。

このようななか、1965（昭和40）年11月17日、第1回ドラフト会議が開催される。前出スポニチの記事では中日スカウトが広野に対して「精神的な弱さ、つまり野生味に欠けるような感じはあるが……」とコメントしていたが、当の中日から

スポーツニッポン
略称《スポニチ》
10月22日
南海、全日程を終了
広野（慶大）ド軍へ
実力を高く評価
来月初めに正式回答

1965（昭和40）年10月22日付スポーツニッポン（東京版）1面。「自分への取材はいっさいなかった」と広野は苦笑いする

広野は3位で指名されたのである。

ただ、広野の心はすでにアメリカにあった。中日の指名を意に介さない男の目は、ハートフィールドの視察がある12月4日からのアジア大会を見つめていた。

早稲田大学野球部の安部球場で大会前の合同練習が行われると、メンバーは開催地のフィリピン・マニラを訪れた。5勝1敗で優勝を果たした日本チームを牽引したのは、3本塁打を放った広野だ。合同練習から視察に訪れていたハートフィールドへ、これ以上ないアピールぶりだった。

「アジア大会後の12月25日、前田監督、鈴木さんと帝国ホテルで飯を食いながら、ドジャースから送られてきた視察内容の手紙を読んだんです。そこには、獲得の意思が書いてありましたが、留学というんじゃなしに、骨を埋める覚悟があるなら受け入れてやろうという条件付き。というのも、マッシー村上さんの問題が影響してるわけですわ。広野もマッシー村上のようになっては困るとオマリーさんは思ったわけです」

マッシー村上こと村上雅則はアジア人初のメジャーリーガーだ。1964年に南海ホークスの選手としてアメリカへ野球留学に来た村上は、マイナーからメジャーへ昇格。メジャーで投げるには契約書へのサインが必要なのだが、これが南海との二重契約となり、日米間で問題となったのである。

こうした経緯もあって、オマリーは広野へ「覚悟」を求めたのだ。

アメリカに骨を埋める覚悟とは、徳島の実家との離縁に等しい。とても、自分だけでは決められなかった。この日、広野は父へ初めてアメリカ行きの希望を伝えた。

「親父は明治生まれで、満州に渡って、敗戦後に命からがら引き上げてきた男ですからね。『アメリカなんてとんでもない！　中日が指名してくれたのにどういうことや、ふざけるな！』と。息子がアメリカへ行くようなら切腹しなきゃいけない、ぐらいの勢いで、反対されたわけですわ」

広野の父親にとっては、まだアメリカは敵国であり、戦後は終わっていなかったのである。

また、前述のように広野の次兄は経済的に浪人ができなかった。そんな事情もあり、次兄は阪急へと入団し、プロで得られた給料で広野家の家計を助けたのである。そんな家庭事情のなかで、広野は万全のサポート体制で慶應大に合格したのだ。一家総出で支援した結果、アメリカに骨を埋めるとはどういうことかと怒る父の気持ちもわからなくはない。

当の広野もアメリカの技術を学び、将来は日本のプロ野球で活動したいと考えていたため、アメリカに骨を埋めるつもりは毛頭なかった。こうしてドジャースへ断りを入れ、広野のメジャー球団との契約は幻と消えたのだった。

第2章
プロ野球の光陰

契約金を巡り紛糾。中日との〝生涯契約〟

「僕の人生には何度か〝逆転〟が起こっているんです。まったく勉強ができんかったときから、慶應大に入れたのも逆転でした。そして、中日時代にも逆転を経験しとるんですよ。象徴的なのは堀内（恒夫）から打った逆転サヨナラ満塁ホームラン。その一方で、中日とはある約束をしとったんですが、のちにそれが反故にされるわけです。これが、僕の人生に欠かすことができない出会いを生むことになるんですわ」

大学3年からアメリカでの野球留学を志望し、ドジャース入り手前まで話が進んだ広野だったが、4年の冬に父の大反対もあり断念する。それと同時に1965（昭和40）年秋には、広野のアメリカ志向を知っていながらも、中日はドラフト3位で指名していた。渡米断念の報を聞きつけた中日は、広野の実家のある徳島にすぐさま飛んできた。

徳島市内（栄町）にある料亭「今年竹《ことしだけ》」は、徳島市内の政財界人にとっての要所であった。会社経営を行っていた広野の父にとっても馴染み深い場所であろう。

1966（昭和41）年1月10日、「今年竹」では広野の父親と母親、そして広野本人が18時に到着予定の中日関係者を待ち構えていた。次兄が7年前に阪急へ入団したとはいえ、息子を指名してくれた球団との顔合わせに、両親は緊張の様子を隠せない。しかし、広野は緊張の一方で、なんとか契約金を高くしたいという思いを抱えていた。

広野がカネにこだわったのは、理由がある。

そもそも、広野が1期生となり、1965年に始まったプロ野球ドラフト会議の目的は「戦力の均衡」「契約金の高騰防止」だった。ドラフト以前は各球団の自由競争であり、有力新人を獲得するために契約

中日のドラフト1期生（中央が広野）

金が跳ね上がっていたのだ。それでは金満球団に戦力が集中するということでドラフトが始まり、新人選手については契約金1000万円、年俸180万円という上限が設けられた。同年代(統計がとられ始めた1968年)の大卒初任給は月給3万600円である。そこから見れば、かなり多額の給料のように思えるが、前年は慶應大出身で広野の1つ先輩の渡辺泰輔が当時のプロ野球史上最高額の契約金5000万円を受け取っている。大人の事情で大幅減額された広野ら下の世代にとって、受け取れたはずの契約金を要求するのは至極当然のことだ。

「お客さまがいらっしゃいました」

仲居が襖を開けると中日球団代表、西沢道夫監督ら3人がスーツ姿で立っていた。軽い挨拶を終えて、向き合うと西沢監督は、「広野君を指名させていただきました。ぜひ、うちに任せてもらえませんか」と頭を下げた。

さて、ここからが交渉の始まりである。広野はタフネゴシエーターとして期待していた父親の第一声を注視した。しかし、父は「息子をよろしくお願いします」と一言発しただけで、母も同じく低頭平身の様子である。

「いや、親父、中日さんは、まだ僕への指名権を獲得しただけで、もう少し契約金についての交渉をしたほうがいいんじゃ……」

小声で耳打ちする息子を父が制する。

「バカモン。中日さんがせっかく指名してくれたのに、お前、なにを失礼なことを言うか。中日さん、ぜひよろしくお願いします」

父に押された広野は黙るしかなかった。こうして両者の挨拶が終わったのだが、広野の胸中は複雑だった。

へりくだるばかりの父では話にならないと割って入ったのが長兄の孜である。孜は慶應大を卒業したのち、八幡製鉄に入社していた。さらに、当時部長クラスにまで登りつめていたバリバリのビジネスマンであり、カネ勘定の交渉は慣れたものだった。身長も180センチ越えの大男。大学卒業から、7年経っていたが彼の肉体は慶應大野球部出身という名残を残していた。

翌日、大学に戻った広野は、東京の支社にいた孜に話をすると、早速兄は担当の田村スカウトと会い、交渉を行った。

「田村さん、親父はこういっていますけど、まだ契約はさせられません。こいつは、アメリカのドジャースに入れたかもしれない男ですよ。まさか、契約金はこのままの条件というわけにはいかないでしょう?」

「いやいや、お兄さん、これぱっかりはどうにもなりません。12球団が守っている中で、うちが金額を破るわけにはいきませんよ」

田村が慌てて答えるものの、長兄はなおも食い下がる。

「前の年は5000万円の契約金をもらった選手もいるんでしょう。5分の1はおかしいじゃないですか。何かあるでしょう」

答えに窮した田村は、苦虫を潰したような表情で頭をかくばかり。結局、球団に持ち帰り、翌日に答えを出す約束をした。翌日、田村は条件の内容を報告した。

「お金のことは勘弁してください。その代わり、広野さんが来てくれたら、トレードには出しません。どんな怪我をしても、すぐに引退しても、生涯中日グループが面倒を見ます」

中日は現役時代だけではなく、広野のセカンドキャリアも保障するというのだ。これを広野は呑み、1月21日に契約が成立。広野はドラフト1期生として中日に入団したのだ。

しかし、この約束は早々に反故にされることをこの時の広野は知る由もない——。

はじめてのオープン戦、最終戦で大ケガ

晴れてプロ野球選手となった広野は、春季キャンプに参加。長嶋と並ぶ記録を打ち立てた大型選手とあって、先輩方には可愛がられた。特に、徳商の先輩である板東英二からは「今日、肩が軽いから、バッティングピッチャーしてやるよ」と声をかけられ、練習に付き合ってもらったこともある。徳島出身のふたりで中日を優勝させようという気持ちが広野のなかで昂っていった。

しかし、中日でのキャリアを歩み始めた広野には思わぬトラブルが待ち受けた。松山での春季キャンプを終えた中日は名古屋で、来日中の前年のメキシカンリーグ覇者、メキシコ・タイガースとオープン戦最終戦を行った。その前のオープン戦でも広野のバッティングは好調で、首脳陣の評価も上々。開幕レギュラーをさらに確実なものとするために、意気込んでいた。この試合で二塁走者にいた広野はヒットの間に本塁へ突入。ベース横にスライディングし、反転して右手でタッチにいったところ捕手が腕に覆いかぶさった。バキッという衝撃が広野の右肩に走る。

「最初は鎖骨が折れたと思ったんです。でも、鎖骨は付いてて大丈夫だと。その後も試合には出ましたが、寮に帰ったら腕が動かないんです。数日経っても動かない

ので、慶應義塾大学病院や中日病院にも行ったんですが原因は不明でした。当時はMRIがなかったから、判断材料はレントゲンだけ。レントゲンで見ると肩はハマっていたし、骨も折れてないと。後年、腱板損傷だとわかりましたが、このときはなにもわからなかった」

困った広野は、藁にもすがる思いで徳島にある東洋医学で有名な接骨医を訪れた。高齢のベテラン医師は広野の肩を触り、一言「野球は無理やな」とつぶやいた。

「ガーンとショックでね。一緒に行った親父もうなだれてましたわ。それで、実家に帰って母親にもその経緯を報告したんです。『もう、無理や。俺、徳島に帰ってくる』と伝えてね」

すると普段から穏やかだった母親の顔が豹変した。そして、広野へこう告げたのだ。

「そんな弱気なこと言ってんじゃない！　腕がちぎれるまではうちの敷居をまたがせへんからな！　今すぐ名古屋に帰れ！」

母親に人生で初めて怒られた広野は、すぐさま名古屋へ戻ったのである。

「俺はなにを弱気になってるんだと目を覚ましました。ただ、原因不明ですから、もう力技で治すしかないと思ってね。鉄アレイを持って、肩を動かすリハビリを部屋でずっとしていたんですわ。そしたら10日くらいで少し動くようになった。ほれで4月末になったら、地面と並行になるくらい腕が上がる。バットも振れるし、ボールも10メートルくらいなら投げれるんですよ。そこからファームの試合に出場しました」

プロ初打席は代打で初安打、初打点

一度は、野球を辞める覚悟をした広野は、プレーできる喜びに満ち、ファームで面白いようにヒットが打てた。そんな好調ぶりを首脳陣は見逃さず、5月10日のサンケイ戦で広野は一軍初出場を果たすのである。

「ランナーが二塁にいる場面で代打ですよ。このときは足がガクガク震えましたね。甲子園でも神宮でも震えることなんてありませんでした。相手投手は1961（昭和35）年に完全試合を達成していた森滝義巳さん。初球のカーブに体が勝手に動いたんです。芯で捉えた打球は綺麗にセンター前に抜けていきました。プロ初打席はタイムリーになったんですわ」

こうして思い切りの良さをアピールした広野は、入団1年目の夏から三番ファーストでレギュラーに定着。1年目から100試合に出場し、打率2割7分7厘、13本塁打を記録した。

この年の特筆すべき点は、なんといっても8月2日に堀内恒夫（巨人）から放った逆転サヨナラ満塁ホームランだ。堀内は高卒1位で巨人に指名された、広野とのドラフト同期生である。堀内はルーキーイヤーのこの年、開幕から13連勝を含む16勝を挙げるなど活躍は破竹の勢いだった。

「僕が打っても、新聞の一面はいつも堀内。談話でもいつもふざけたことを喋ってるし、なんじゃこいつはと思ってましたよ」

すでに主戦級の投球を見せる堀内に対し、セ・リーグのなみいる打者

パネルで中日の球団事務所に飾られていたという広野の写真

たちは手も足もでなかった。それは広野も同様で、7月2日の試合では堀内のカーブとストレートにかすりもせず、三振を喫していた。

「堀内は投げるとサイズの大きい帽子をズラしながら、ニヤッとほくそ笑むんですよ。それが腹立たしいのなんのって」

堀内へフラストレーションが溜まる広野に、さらに追い討ちをかける出来事があった。

「7月のオールスター休みに中日スポーツで、僕と堀内のルーキー対談企画が組まれたんです。これがまたシャクに障るんですわ。堀内は、対談場所に肩で風を切って入ってきて、『広野って誰？　知らねぇな』みたいな態度だったんですよ。もう、絶対に堀内から打ってやると思いましたね」

打倒・堀内。逆転サヨナラ満塁本塁打

打倒堀内に燃える広野は、対戦の機会を虎視眈々と待っていた。そして、それは8月2日に突然訪れる。

「その日、実は堀内はありえない間隔で投げたわけ。7月31日に堀内は広島戦で敗

れて13連勝がストップしていました。そこで先発した堀内が中2日で登板するなんてありえないわけです」

5対3と巨人がリードする9回裏、中日が二死満塁のチャンスを作った場面で、広野に打席が回ってきた。堀内はこの広野の打席に合わせてリリーフ登板をしたのだ。登板間隔のズレやコンディション調整の面から、堀内の登板は普通ではありえない。

「おそらく、僕が7月に堀内から三振したのが巨人の監督の川上（哲治）さんの頭にあったと思うんだよね。だから、わざわざ堀内を僕に当ててきた。ただ、実は僕もその三振した日から1カ月の間、堀内用のバットを温めていたんです」

広野は当時使用していた玉澤製のバットの中から軽くて弾きのいいものを球場に置いていたのだ。普段使用していたのは940グラムのバットだが、堀内用バットは10グラムほど軽く、弾きも抜群だった。堀内のカーブと真っ直ぐに対応するには軽いバットで打つ必要があると考えたのだ。そのバットで日々素振りをし、律儀にもグリップエンドに「堀内用」とマジックで書いて、保管していたのである。

このように準備万端な中、堀内が予想外の登板を果たすのである。まさに、野球の神様が用意したような舞台だ。広野は、堀内がブルペンから移動してくるのを見て慌ててロッカーに戻り、祈りを込め続けたバットを握りしめて打席に入ったのだ。

「1球目は甘い真っ直ぐをファール。2球目はカーブがスポッと抜けた。そのときに堀内がボールを交換するんですよ。堀内は、投球練習のときもやたらとボールを変えていた。おかしなことするなあと思ってたら2球目の抜け球を見て、今日アイツまったくカーブがダメなんだと確信したわけです。僕はタイムをかけてスパイクの紐を結び直し、真っ直ぐしかないと自分に言い聞かせた。もう打席では、真っ直ぐ、真っ直ぐと口に出しとりました」

広野の予想通り、堀内が投じた3球目はストレートだった。内角から若干内に入った広野の得意ゾーンに吸い込まれてきた

1966年8月2日（中日球場）巨人の堀内恒夫（「21」）から逆転サヨナラ本塁打を放った広野

ボールを広野は思い切り振り抜いた。

「真芯で打ったからまったく衝撃がないんですよ。45度の角度で気持ちよくバーっと飛んでいってね。センターのバックスクリーン右に入ったときの気分は忘れないですよ。雲の上を走っているような気持ちよさでしたねえ」

ルーキーによる値千金の逆転満塁ホームランにベンチは大騒ぎである。迎えられたチームメイトの間隙をぬって広野はようやくホームを踏んだ。その背後では、がっくりと肩を落とし、不貞腐れたようにマウンドを去る堀内の姿があった。

2年目の〝若竜〟スターダムへ

不倶戴天の敵であるジャイアンツの大型ルーキー・堀内を打ち砕き、名古屋人に鮮烈な印象を与えた広野の打棒は、2年目も止まらない。不動の四番・江藤慎一とともにクリーンナップを担って19本塁打の大活躍だ。ちなみに、江藤はこの年34本。次いで葛城隆雄が20本、高木守道は19本。ジャイアンツに屈辱的な12ゲーム差をつけられて2位に終わったドラゴンズのファンにとって、広野は明日への希望を感じさせる、可愛いくてたまらない若き竜であった。

そんな広野を、中日グループも全面バックアップ。中日新聞のカメラマンはつきっきりで広野を追っており、ドラゴンズの若手寮「中日野球道場」でスパイクを掃除するようなオフカットも残っている（カバー写真）。

試合を終えたその足で、ドラゴンズのユニフォーム姿で対談をしたこともある。

「現場に着いたら、待っておったのは女優の山本陽子ですよ」

山本は、当時日活で絶賛売り出し中の俳優だった。デビュー作『抜き射ちの竜拳銃の歌』（1964年）などの演技ぶりに、男たちは誰もがよろめいていた。

「対談前の試合で僕は逆転2ランを打っていて、取材やらいろいろあってかなり遅れて行ったんです。それでもにこやかに対応してく

当時売り出し中だった女優の山本陽子との対談企画も

れてね。試合で打ってるし、美人さんとも話せるしで嬉しかったですね」

また、2年目ながらドラゴンズ選手会の副会長も務めており、いずれは「ミスタードラゴンズ」と呼ばれるはずだった男が広野なのだ。

ところが、オフシーズンに広野の運命は大きく転がり始める。忘れもしない、選手会のゴルフ納会の日である。選手会副会長である広野は、運営側として張り切っていた。

同じ左の大砲として王貞治（左）と打撃論を交わす対談も組まれた

「杉浦忠さんの一族が経営しているゴルフ場『貞宝カントリークラブ』に選手やゲストが集まって、腕前を振るうんです。僕も楽しみにしておったんですが、選手会長の法元英明さんから、『お前は副会長なんだから、とにかくゴルフの準備をやれ』と言われまして。納会では選手が知り合いの社長やクラブのママを呼ぶんです。そういうお金持ちのゲストからいろんな賞品が送られてきますから、それをリストにして、対応する賞を作るのが僕の仕事でした」

オートバイや高価なネックレスなどの賞品のリスト化、そしてゲストへのお土産の手配などを広野は行った。当日は、「今日で、ゴルフは封印して野球を頑張るぞー！」などと選手らは言い合い、広野は司会として賞品を振り分けるなど大盛り上がりだった。

青天の霹靂、トレード通告

そんなゴルフ納会が無事に終わり、来季の優勝を心に誓った広野に、ゴルフ場の支配人が声をかけてくる。球団職員から電話がかかってきたのだ。

「ゴルフご苦労さん。今から中日ビルの横にある料亭に来てくれないか。なんの用事かって？　それは、こっちに来たらわかる」

中日ビルは、中日新聞完全子会社である中部日本ビルディングが、前年の1966（昭和41）年に建てたばかりの、地上12階・地下4階の名古屋のピカピカのランドマークである。その隣の料亭「翠芳園」では、名古屋の政財界人が夜ごと密談を交わしており、いわば明日の名古屋を動かすエンジンであった。

こんなところに呼び出されて、ふつうの用件のはずがない――。強心臓の広野ではあったが、このときばかりは胸にも胃にもキリキリする痛みを覚えたという。料亭の入り口には、なぜか各社の新聞記者やカメラマン十数人が待ち構えていた。広野が何事かと記者に聞いても、「行けばわかるさ」とみなそっぽを向くばかり。

異様な空気のなか、古びた構えをくぐり、仲居に案内されるまま板の廊下を踏みしめる広野。仲居が開けた襖の奥の12畳ほどの大広間に進むと、そこには、球団社長の小山武夫が座っていた。球団社長と会ったのはこの日が初めてである。広野は、血の気が引いた。

「選手は契約更改などで球団代表とは会いますが、普通、球団社長とは会わない。異常なことですよ。あー、これは最悪の話が待ってるんだろうなと思いましたよ」

いまどきの優しい上司なら、きつい話をする前に軽い雑談を入れるものだが、当時は昭和である。小山は単刀直入に言い放った。

「実は、西鉄ライオンズの田中勉とのトレードの話がでている」

「ウソでしょう?」

2年前の広野は、アメリカのメジャーリーグでのプレーを夢見る大学生だった。だが、ゴリゴリ反米の父の剣幕に折れて渡米を諦め、ならばせめて好条件でプロ入りしたいと考えた。そんな広野の事情などお構いなしに、まるで広野の大学卒業年に合わせるように、プロ野球界は、ドラフト制度を導入。前年までの高騰する契約金・年俸を抑制すべく制度を導入したと自分たちの事情を言い立てて、広野が希望するカネは払えないと突っぱねている。

「お金を払わない代わりに、中日球団は『うちはお前を一生面倒見る』と言ったんですよ。その条件があったからこそ、僕は中日入りしとるわけですよ。なのに、入団して2年目のオフに、『お前、西鉄に行ってくれ』と社長が言うんですから、それはないでしょう」

選手にとって、球団社長は雲の上の存在である。徳商野球部、慶應野球部で礼儀作法を叩き込まれて生きてきた広野にとって、ぞんざいな言葉遣いはありえない相手だ。それでも広野の口からは、考えるより先に言葉が出た。

「ウソでしょう?」

驚愕する広野の顔を見て、小山はトレードの経緯を告げた。

「うちからではなく、西鉄が広野を指名してきた。もちろんウチは広野を出すわけにはいかないから、いろんな選手を候補に出した。内緒だが、江藤慎一もその中に入っていた。だけど、向こうは君を指名してきた。巨人一強を防ぐためにウチもどうしても勝てる投手がほしい。受けてくれ」

小山の言葉は、おそらく大人のずるさである。1937（昭和12）年生まれの江藤慎一は不動の四番で、1967（昭和42）年は前述のように34本塁打、2割7分6厘の成績を残している。対する広野は1943（昭和18）年生まれの本塁打19本で、2割3分3厘だ。残りの稼働可能な年数を考えても、広野の代わりに江藤を出す選択肢はないだろう。

しかし、あまりに急な出来事に、広野は心の整理がつかない。

「3日間、考える時間をください」

涙を流しながら懇願した。

広野はその足で当時世話になっており、名古屋の親代わりでもあった梅原武夫のもとへ相談に向かった。梅原は、毎日新聞で毎日オリオンズの創設に関わるなどプロ野球界を知る人物である。当時は毎日名古屋会館の「ホテルニューナゴヤ」の総支配人だった。梅原は若き中日選手である広野を可愛いがり、同じく懇意にしていたプロゴルファーの内田繁も含めて、度々ホテルニューナゴヤで食事をするほどの仲だったのである。

トレードに宣戦布告

「そんなふざけた話、受け入れるな！」

ホテルニューナゴヤの一室に、梅原の怒号が響く。親同然である梅原のこの一声で広野は球団と戦うことを決意。しかし、何気なしにつけたテレビには『広野功、トレード』のテロップが躍っていた。

記者たちが待ち構えていたのは、このためである。すでに広野のトレードは既成事実として世に出てしまったのだ。

「広野、雲隠れしろ。このホテルにずっとおれ」

梅原に言われ、1週間ほど広野はホテルに缶詰めになった。すると熱狂的な名古屋のファンたちは、広野のトレードに反対する署名運動を開始。若き竜戦士の流出は、大きな騒動になっていた。

しかし、ホテルの窓から、署名運動を眺めている広野に向かって、梅原は諦めたようにこう告げた。

「広野、これは契約上もはやどうにもならん。球界のルールではトレードを受け入れるか、野球を辞めるかのどっちかだ。お前、野球を辞めるか？」

「まだ辞めるつもりはないです」

「じゃあ、明日球団に行け。その代わり、条件を出せ。トレード相手の田中勉と年俸を一緒にしてもらうんだ」

当時の広野の年俸は350万円。対して田中は700万円と倍だ。悪い話ではない。翌日、広野は待ち構えたファンや報道陣を避けながら球団事務所に入った。そして、球団にトレードを受ける旨と年俸の条件を伝えた。

「広野、それはできない。統一契約書の交換だから、それをしたら偽造になる」

球団社長の小山は突っぱねるも、広野は食い下がる。中日球団と広野のゴタゴタの解決を待つ西鉄は、〝青バット〟大下弘（元・東急、西鉄）の永久欠番「3」を解除し、広野に用意していた。これ以上ない、広野へのラブコールである。しかし、「当時は、背番号なんかどうでもよかったんですわ」と広野は条件にこだわりつづけた。そこには、梅原からの教えがある。

「プロはカネで動く世界だ。カネを稼がなきゃ意味がない。1対1で、しかも向こうがお前を指名してきているんだ。それなら対等な条件にするのは当たり前だろう」

そして、1週間後、広野自身によるタフネゴシエーションの末、ついに球団が折れた。年俸額を変えない代わりに、中日は広野の年俸にかかるすべての税金を負担する案を出したのだ。税金を負担すれば、広野の手取りは田中に迫るという「ウルトラC」をひねり出したのだ。

広野は逆境を跳ね返し、中日を去って西鉄に渡った。不本意ながらトレードされた広野だったが、その西鉄である男と出会う。この男との出会いが、広野の今後の人生に大きく影響を与えるのである——。

西鉄・稲尾和久との出会い

「西鉄時代は、僕にとって大きな出会いがあるんです。それが稲尾和久さんとの出会いですわ。稲尾さんとの出会いがなければ、その後の落合（博満）との出会いもなかったかもわかりません。あと、西鉄時代には女房とも出会うわけですが、それも野球の縁で導かれたようなもんです」

池永正明や稲尾和久ら投手陣の活躍に支えられた西鉄は1966（昭和41）年、1967年と2年連続でリーグ2位を果たした。西鉄の投手陣は自分の仕事をしっかり果たし、1966年のチーム防御率は2・13、1967年は2・50でリーグトップだった。そんな彼らを見殺しにしたのが、西鉄の貧打の打線である。1966年のチーム打率はリーグ4位の2割3分1厘で、打点407は同5位の体たらくだ。これでは投手陣に申し訳ないと奮起するのが通常の野球人だが、翌1967年はさらにだらしなく、チーム打率2割2分2厘、打点387と、どちらもリーグ最下位である。これでは投手陣もやる気が失せる。1968年シーズンこそは、課題の貧打を立て直して優勝すべく、西鉄は大下弘の欠番「3」を用意してまで広野を獲得したのである。

かくして、「生涯、面倒を見る」と言われていた中日から、急転直下で西鉄へトレードされた広野。高校までは徳島、大学は東京、プロ入りからは名古屋で暮らしていた広野にとって、福岡は右も左もわからない土地だ。

しかし、福岡のプロ野球選手として生きていく以上は、最初にやるべきことは自明だった。広野は、トレードが成立した1月23日のその日に、福岡へ向かった。福岡のことは何も知らないが、九州の野球界に顔が広いある人物のことだけは、知っていたのである。

「中日は松山での春季キャンプが終わったら、福岡で西鉄とオープン戦をして名古屋に帰るというのが毎年恒例でした。僕が中日に入団した際も同じ。その際に、江藤慎一さんと権藤博さんに連れられて、九州の野球界の重鎮である野見山博さんのお宅を訪れたことがあったんです」

野見山博とは、筑豊の野見山鉱業所の二代目御曹司で、当時は二瀬窯業株式会社の代表取締役である。野見山は早稲田大学野球部出身で、社会人野球の日鉄鉱業二瀬鉱業所でプレーし、第23回都市対抗野球で久慈賞を受賞するほどの選手でもあった。江藤は熊本、権藤は佐賀とともに九州出身だ。江藤にいたっては、プロ入り前に日鉄鉱業二瀬鉱業所の就職の話も進んでいたというから、野見山は頭が上がらない存在なのである。

広野は野見山の自宅がある那珂川のほとり、福岡市春吉へと向かった。

九州球界のドン

「九州のことはなにもわからないから、野見山博を訪ねたわけです。野見山さんは、若い頃はトランクに、石炭で稼いだキャッシュを詰め込んで、どんちゃん騒ぎしていたという男です。野見山さんはゴルフも非常に上手で、稲尾さんとはしょっちゅうゴルフに行く仲でもありました」

炭鉱で築き上げた瀟洒な家に入ると15畳ほどの居間に、野見山がどかっと座っていた。精悍な顔つきで広野を一瞥した野見山は、こう声をかけた。

「広野君、よく来た。久しぶりだな。君のことは藤吉郎からよく聞いているよ」

野見山が話す「藤吉郎」とは、石井藤吉郎のことである。石井藤吉郎は、兵役を経て早稲田大に復学し、1948（昭和23）年シーズンから四番打者としてチームを4度の優勝に導いた六大学を代表する名選手だ。石井は1964（昭和39）年から早稲田大の監督も務めており、以後11年間で6回の優勝を果たし、1995（平成7）年には野球殿堂入りもしている傑物だ。

「野見山さんは石井さんと早稲田の同期なんですわ。石井さんは早稲田の監督として慶應時代の僕を見ているわけですよ。石井さんは大型バッターが好みで、僕のバッティングを気に入ってくれていたらしいんです。それで、僕が西鉄にトレードされた際に、石井さんは野見山さんにこういうバッターが行くからよろしく頼むと言っていたようなんです」

早慶の情報網恐るべしである。しかし、大学時代からの自分を知ってくれているとなれば話は早い。この2人が大学の思い出や野球談義で盛り上がらないはずがないだろう。そして、野見山は古賀ゴルフ・クラブのクラブチャンピオン21回、九州アマチュアゴルフ選手権優勝2回、日本シニアゴルフ選手権優勝3回などの実績を持つトップアマだった。彼のゴルフ理論は野球にも通じるところが多く、広野も深く話し込んだという。

こうして、野見山は、地元球団の西鉄へはるばるやってきた広野を温かく迎え、妻や2人の娘も含めて盛大な食事をふるまったのだった。

一升瓶が飛んでくる

九州球界のドンである野見山にも気に入られた広野は、開幕から四番として起用される。左の大砲として期待された広野だったが、シーズン早々からパ・リーグの

大下弘の永久欠番「3」を解除させ、受け継いだ広野

洗礼を受けた。

「西鉄の本拠地は平和台球場でしたが、小倉球場（現・北九州市民球場）を使う時もありました。でも、小倉球場でやるのは、もうほんとに嫌だったんですわ」

小倉球場の隣には小倉競輪場がある。当時、競輪で負けた荒くれ者が、その日のマイナスを取り戻そうと球場を訪れたわけだ。

「競輪で負けた客が一升瓶を持って、外野席に座り、選手が打つか打たないか賭けているんです。打たなかったら、グランドに一升瓶が飛んでくるわけ。しかも、僕の守備位置は観客に近い一塁かライトですから、当たりそうになるんです。当時、小倉球場のスタンドはコンクリート造りでしたが、座っていた椅子を砕いて投げつけてくるお客もいました。負けると駐車場に置いてある選手の車がボコボコにされていたりもして、殺伐としていましたよ。セ・リーグにいたので、そういう世界を知らなかったんです」

そのようななかで、モチベーションを保ち、好成績を残すことはプロ入り3年目の広野にとっては酷である。

「だから、小倉球場での試合は出たくなったんですよ。僕と同じ年に近鉄からトレードされてきた高木喬《たかし》さんという方は、法政大出身で同じ一塁手でもあり、ウマが合ったんです。僕が『今日は小倉球場だから出たくないんですよ』と言うと、高木さんは『じゃあ、俺が代わってやる』と言ってくれる。高木さんは中西（太）監督に『広野が体調悪いみたいです』と伝えてくれて、代わってくれたんです」

そんな調子であるから、西鉄1年目の広野の成績はふるうはずもない。92試合に出場するも9本塁打に終わり、球団の期待通りの成績とはいかなかった。

さらには、シーズン終盤に三塁へのスライディングの際、浮いたベースに足を引っかけ、骨折。選手としては不完全燃焼な年だった。

ただ、この骨折をきっかけに生涯の伴侶と結ばれることになる。

「入院中、野見山さんが奥さんと娘さんを連れてお見舞いに来てくれたんですよ。ほれで、長女のほうと僕は仲良くなりましてねえ。まあ、彼女が今の家内なんですわ」

翌1969（昭和44）年11月、広野は野見山の長女と結婚。プロ野球選手は家庭を持つと活躍するとはよく言われるが、広野も結婚を控えたシーズンに「こんな成績ではクビになってしまう」と腹をくくり、この年、自己最多の20本塁打を記録。オールスターゲームにも出場している。しかし、広野の奮闘もむなしく、西鉄はこの年5位に沈んだ。

来シーズンこそはチームとして優勝、そして広野自身もさらなる飛躍を描いていた矢先、球団内部では不穏な空気が漂っていた――。

黒い霧事件

1969年10月8日、西鉄はピッチャーの永易将之が八百長を行っていたとして、今季限りで退団させることを決定した。7月上旬から八百長の疑いをかけていた球団は、密かに身辺調査などを行っていたのだ。これをきっかけに、次々とプロ野球関係者が金銭授受に伴う八百長に関与したことが発覚。「黒い霧事件」の発生である。

「その年は暮れにかけて社会部の記者が20人くらい球場に詰めかけるようになったんです。普段は運動部の顔なじみの記者しかいないのと比べたら、異様ですよ」

この大騒動の責任を取り、中西太が監督を辞任すると稲尾が新監督に就任することが決定。永易は同年11月28日に永久追放処分を受け、翌年1970年にはエースの池永正明を含む3名も永久追放、2名が野球活動禁止処分、1名が厳重注意処分を受ける事態となった。

「池永は1970年の開幕戦の東映戦で投げたんですが、八百長を疑われても仕方がない内容でした。池永は四球を連発したあとに、張本勲と作道烝にホームランを打たれましてね。6失点で途中降板。そのまま球場を後にした池永を眼光鋭い社会部の記者が追っかけていっていましたわ」

かつて、「野武士軍団」という異名をとり、常勝チームだった西鉄は見る影もなく、黒い霧事件によって身売り説も囁かれるなど崩壊寸前に陥ったのである。

ちなみに、広野と交換トレードされた中日の田中勉も八百長に関与していたとして、自由契約ののちに現役を引退。1970年4月には、高山勲（大洋ホエールズ）と黒い霧事件の黒幕とされる藤縄洋孝とともに小型自動車競走法違反で逮捕されている。

近い存在の選手たちが次々と球界からパージされるなか、八百長と無関係だった広野でさえも平常心を保てるはずがない。

「打っても、三振してもスタンドからは『八百長じゃねえのか⁉』とヤジられる始末。僕は酒を飲まないから、そういう八百長を持ちかけられるような盛り場に行かないんです。それは幸運だと思ったんですが、八百長八百長と言われたら、そら、野球への情熱は消えていくばっかりですよ。もうプレーするのが嫌になってたんですわ」

広野の心境は成績にも如実にあらわれ、1970年は9本塁打と低迷し、打率は2割を下回った。また、主力選手を欠き、方々から非難の的となった西鉄も当然ながらリーグ最下位となる。

「もう野球自体辞めようかとも思った1970年のオフに、またトレードの話が出たんですわ。稲尾さんから呼ばれたわけです」

2度目のトレード

広野が平和台球場の監督室の扉を開けると稲尾は「おう来たか」と小さく声をかけた。温厚な性格とにこやかな表情で知られ、その動物に似た風貌から〝サイちゃん〟と愛称がつけられた稲尾だが、シーズンの疲れと広野への通告の心苦しさで、このときばかりは神妙な顔つきに変わっていた。

「うちはピッチャーが永久追放になって勝てるやつがおらん。それで、お前巨人にトレードに行ってくれんか」

「え？　中日じゃないんですか？」

広野がトレードになる際に、中日は「なにかあれば戻す」という約束をしていた。広野が驚くのも無理はない。

「いや、中日にも声をかけたが向こうは選手1人、巨人は3人を寄こすと言うんだ。川上（哲治）さんは代わりにパンチ力のあるお前を寄こせと言ってきた。すまんが、お前、うちを助けるために巨人へ行ってくれ」

中日ではないものの、広野は内心嬉しかった。

これで小倉を離れられる……。

「八百長と言われるわ、車をボコボコにされるわで嫌になってたんです。心が折れかかっていましたから、そのときのトレードは良かったですよ」

西鉄再建のために了承してくれた広野に対し、「神様、仏様、稲尾様」とまで呼ばれた男は深々と頭を下げたのだった。

ただ、広野のトレード話に黙っていなかったのは、岳父の野見山だ。翌日、「サイ！　ちょっとこい！」と稲尾を自宅に呼びつけて激怒した。

「サイ、わかっとんのか！　うちの息子をトレードに出すとはどういうことや！」

数々の修羅場を切り抜けてきた筑豊の山主の迫力に、同席した広野は立ちすくむほかない。球界のレジェンドであった稲尾も野見山の様子に気圧され、おっとりとしたサイの面影は消え去っていた。

ただ、球団を預かる稲尾の意思は固く、何度も頭を下げて野見山に弁解する。

「これも崩壊した地元球団、西鉄を助けるためです。川上さんからの条件なので、野見山さん、ここは勘弁してください」

稲尾はこう言って1時間以上食い下がり、ようやくドンの了解を取りつけたのだった。

「もう、野球を通して自分の人生がぐるぐる回っている感覚でしたわ。西鉄時代、いいことは少なかったです。女房と出会えたことが救いでしたね」

こうして、1971年シーズン前に広野を含む西鉄の野手2名と巨人の3選手のトレードが成立。広野はプロ野球入り6年目で、3球団を渡り歩くことになった。

川上哲治からの「非情な宣告」

「巨人時代は、2本の逆転満塁ホームランを打ったんです。そういう結果もさることながら、川上さんの人間力には驚きましたね。中日時代、巨人は宿敵ですから川上さんのことはクソオヤジ、タヌキオヤジと思っていたのに、本当にすごい人だなと今でも思いますよ」

黒い霧事件で主力選手が永久追放となり、崩壊寸前に陥った西鉄は投手陣を立て直すため巨人から選手を獲得。そのトレード要員として、当時の巨人・川上監督に指名されたのが広野だった。広野は、1971(昭和46)年に巨人入りする。

1969年には自己最多の20本塁打を放ち、オールスターにまで出場した選手である。ON(王貞治・長嶋茂雄)の後を打つ5番打者として期待されていることは、周囲もそして広野自身もわかっていた。

読売巨人軍で王と長嶋の後ろを打てるとは当時の野球人冥利に尽きる。慶應大では長嶋のリーグ最多本塁打記録に並び、中日入団後は王と対談まで組まれた広野である。この2人との運命を感じないわけにはいかない。

巨人へのトレードにより、黒い霧事件で失いつつあった広野の野球への情熱は再び火が灯され始めていた。しかし、広野の意気込みと期待は、春季キャンプでかけられた川上の言葉に打ち砕かれることになる。

広野が宮崎キャンプの宿舎につくと、マネジャーが「広野、監督室へ行ってくれ」と声をかけた。部屋に入ると川上は、広野を真っ直ぐ見つめてこう言った。

「もうレギュラーは固まっている。君には代打の切り札という役割で、どう生きるかを考えて練習してほしい」

つい2年前、オールスターに出場していた選手が代打要員の宣告を受けたのだ。これにはさすがの広野もこたえた。

「川上さんの言葉は、ショックでしたね。じゃあ、なんでわざわざ僕を獲ったのかと。……ただ、冷静にチーム状況を考えれば、僕の入る隙間はなかったんですわ」

川上の一言に奮起す

広野が入団した1971年の巨人は川上監督の11年目のシーズンであり、V9の7年目。広野の本職である一塁には王貞治がおり、右翼には1969年から頭角をあらわした末次民夫（利光）がいた。ジャイアンツ黄金期を支えるレジェンドや生え抜きG戦士を抑えて広野が割って入る隙はなかったのである。

しかし、川上が広野の代打としてのパンチ力に相当期待していたことは事実である。なにせ、「打撃の職人」として大毎ミサイル打線を牽引し、その年から巨人の二軍打撃コーチを務めていた山内一弘をマンツーマンで広野にあてがったのだ。

「普通の監督は選手に、使い方などあまり教えません。川上さんは『代打で使う。だから山内から技術を学べ』と、しっかり役割を教えてくれたんです。面倒見のよさに感動しましたね。その山内さんは指導を始めると熱がこもりすぎて止まらない。その様子から『やめられない、止まらない。かっぱえびせん』と呼ばれていました。キャンプ中はもちろん、キャンプが終わってからも多摩川グラウンドで山内さんの指導は続きました」

肘をたたんで内角を打つ名人だった山内は、その技術を授けようとひたすら広野に片手打ちをさせた。バット短く持たせ、右腕で打たせるのだ。疲れてくれば握力が弱まり、バットのグリップ側が肘に当たる。ものの数日で、広野の肘は腫れ上がったという。

こうして山内の打撃理論を吸収した広野は、二軍戦で安打を量産。しかし、開幕してもなかなか一軍の川上から声がかからない。頭にきた広野は、二軍戦10試合ほどで怒涛の5本塁打を放つ。さすがに、広野の気持ちを汲んだ川上は一軍に呼び、広野は5月5日の大洋戦で巨人移籍後初となる一軍出場を果たしたのだ。当時の大洋の監督は別当薫で、広野にとっては慶應大の大先輩にあたる。

1点を追う場面で広野は先発投手の堀内恒夫の代打として出場。対するは、カミソリシュートを武器に「巨人キラー」の異名を持つ平松政次である。平松は前年の1970年に25勝をあげ、沢村賞も獲得していた球界を代表する投手だ。この好投手から打てば、広野の面目躍如。レギュラー奪取の可能性が見えてくる。

「外角の真っ直ぐを振り抜きました。真芯でカーンと打ったんだけども、角度が足りなかった。結果、センター真正面のライナーに終わったんです。代打で期待されてね、これで打てなかったからもうダメかなとも思ったわけです」

試合にも負け、広野は意気消沈しながら後楽園球場の大浴場にいた。広野の他にも選手がいるなか、なんと川上が入ってきたのだ。川上がにこやかに放った一言で、広野の心は奮い立つのである。

「今日は負けて頭にきたけど、まあいいか。広野があんなにいい当たりを打ったもんなぁ」

「うわーっと感動しましたね。みんなの前で、聞こえるように僕のことを褒めてくれたんですよ。クソオヤジとか思っていましたけど、この人のためならなんでもする、この人に一生ついていこうと思いましたね」

川上はその後も広野を一軍に帯同させ、代打として出場させる。しかし、広野はなかなかこれといった結果が出せないまま、5月18日からの北陸シリーズを迎えた。

2本目の逆転サヨナラ満塁本塁打

北陸でのヤクルト3連戦、広野は2試合目まで代打で出場するもノーヒット。特に2試合目は1球もバットを振らずに三球三振を喫してしまう。広野のパンチ力は鳴りを潜め、代打の切り札として川上の期待に応えられていなかった。

しかし、迎えた翌20日の北陸シリーズ最終戦、福井県営球場で広野は偉業をやってのける。

この試合、巨人先発の菅原勝矢が初回に2点を失い、早々に降板。以後もヤクルトペースで試合は進み、2対5と巨人は負けていた。ただ、9回裏の攻撃で巨人は無死一、二塁とランナーを溜め、リリーフで登板した会田照夫が四番長嶋に四球を与え無死満塁。続く、五番黒江透修の投ゴロは野選となって3対5とじわり巨人が詰め寄った。そして、六番才所俊郎の打席で、川上は広野を呼び、代打へ送り出したのである。

右のアンダースローである会田に対して、左打者の広野は有利である。ヤクルトは絶対に勝ちにいくなら、ここで左ピッチャーに交代する作戦もありえたが、会田は続投だった。

「要するに僕は舐められたわけですよ。前日に三球三振してるから。腹が立ってね、絶対打ってやろうと思いました」

打席に入ろうとした広野に川上が近づき耳打ちをした。

「いいか、今日は絶対にバットを振れ！」

巨人はこの3連戦の初戦、すでにヤクルトに敗れており、この試合も落とし、負け越すわけにはいかなかった。川上もチームの雰囲気を変えるため、一塁コーチャーとしてグラウンドに出ていた。否が応でも昨日の記憶が蘇る広野は、この大きなプレッシャーを感じながら打席に入ったのだった。アンダースローの会田は豪快に体をねじって初球を投じる。

「初球はシンカー。打ってもヒットにはできないと思って見逃したら、ストライクでした。恐る恐る一塁側を見たら、コーチャーズボックスの川上さんは見たことがない形相で僕を睨んでいてね。次は絶対に振らないとマズイと思いました」

2球目もシンカー。コースは見逃せばボールになろうかという内角低め——。

「捕手が外角に構えているのがわかったので、そっちに張っていたら逆球で内角に来たんです。バウンドするんじゃないかというくらい低いボールでしたが、体が勝手に反応して、バットの真芯で捉えたんです」

掬い上げたボールは、低い弾道で北陸の初夏の風に乗り、ライトスタンドにライナーで突き刺さった。広野自身、2本目の逆転サヨナラ満塁本塁打である。2本の逆転サヨナラ満塁本塁打を放った選手は、プロ野球の歴史で今なお広野しかいない。値千金の本塁打を放った広野は、大喜びでダイヤモンドを回り、本塁へ帰ってきたのだった。

本塁での歓喜の輪が解けた頃、川上はコーチャーズボックスから歩いてきて広野に一言。

「ようやった！」

そして、広野の背中をバチンと叩いた。

逆転サヨナラ本塁打を放ち、生還した広野

勝負強さをアピールした広野は、5月22日の大洋戦でONの後ろを打つ五番打者として先発出場。代打専門とみなされていた男は、一気にチャンスを掴んだ。

「ただね、僕の人生はいいことが起きると必ず悪いことが起きる。中日でも逆転サヨナラ満塁本塁打を打った後にトレードに出されるし、西鉄でも20本打った後に黒い霧事件が起きたしね」

22日は凡退に終わるも翌23日も先発出場。ここで結果を残せば、レギュラーに定着できるかもしれない……。しかし、やはり野球の神様は広野に試練を与えた。

「大洋の先発は平松でした。前にセンターライナーを打っていたし、もともと中日時代から得意な投手だったんです。彼の武器であるシュートを狙って踏み込んだら、内角にスライダーが来た。踏み込んでいましたから、もう逃げられません。ボールが右手の甲に当たって骨折です。せっかくレギュラーを掴みかけたのに、天国から地獄に落ちましたよ」

ケガの影響もあり、この年広野は4本塁打にとどまる。翌年も33試合1本塁打とふるわなかった。

「この骨折で、右手の握力が落ちましてね。バットのグリップを太くしたり、重心もヘッド寄りではなく手前側にして、軽く感じるように作り直しました。それでなんとか打てるように工夫していたわけです」

2度目の代打満塁逆転本塁打

巨人に移籍して、結果を残せていない広野には後がなかった。広野自身も29歳で野球選手として、これからが稼ぎどきだ。ここでクビになるわけにはいかなかった。

背水の陣で臨んだ1973(昭和48)年。この年、巨人はV9を果たすのだが、広野も三たび大きな花火を打ち上げることとなる。

「4月27日の中日戦で、星野セン(仙一)から代打逆転満塁本塁打を打ったんです」

27日の前日まで阪神との3連戦(後楽園)を戦った巨人は、当日移動で名古屋へ向かっていた。この日は、運悪く国鉄のストライキの真っ最中。新幹線が動かないと知った巨人軍は、バスで名古屋まで移動し、宿舎に着いたときは19時を回っていた。

「何時間もバス移動して疲れているから、みんな試合をやりたくないわけですよ。

僕も時間も遅いし、今日は中止かなと思っていたら、主催者である中日がお客さんが待っているからやってほしいと。それで20時くらいから試合が始まったんです」

　このイレギュラーな試合は、巨人先発の堀内が5回途中で4失点する展開となった。だが、ここから6回表に王の3ランが飛び出し、なおも二死満塁のチャンスを作ると広野が代打に送られた。2年前の代打逆転サヨナラ満塁アーチが広野の頭によぎらないはずはない。

　中日のマウンドに立つのは「燃える男」星野仙一である。打倒巨人に執念を燃やす星野は、眼光鋭く広野を睨みつけている。

　そんな星野が投じた渾身の真っ直ぐを負けじと広野は振り抜いた。打球は高々と上がり、ライトスタンドへ一直線。ダイヤモンドを回る広野の目には、名古屋で試合を待ち侘びていた巨人ファンの狂喜乱舞、そしてグラブを叩きつけんばかりにマウンド上で怒りをあらわにする星野の姿が見えた。「サヨナラ」こそつかなかったが、広野は3度目の逆転満塁本塁打を放ったのだ。

　嬉しかったのは中日ファンからの声援だった。古巣を旅立ち、成長した広野に対して中日ファンはヤジではなく、拍手を送っていたのだ。

「感動しました。これで中日に恩返しができたかなと不思議な気持ちになりまししたね。ベンチに帰ったら自然と涙が流れました」

この広野の本塁打の勢いそのままに、巨人は13対6と圧勝する。

「前回の代打逆転サヨナラ満塁本塁打のときと同様に、川上さんは翌日僕をスタメンで使ってくれました。ONの次の五番打者でね」

しかし、「いいことと悪いことが繰り返す」という広野のジンクスはここでも外れない。1打席目のバッターボックスに入った広野に対し、中日時代の同僚捕手、木俣達彦が思い切りインコースに寄ったのである。

「どうした、きいちゃん……？　まさかお前やめろよ！」

星野仙一から本塁打を放った広野。前年、小坂俊彦の背番号「24」への変更にともない、「35」になった

「広野さん、気をつけてくださいね」

その刹那、右のアンダースロー、三沢淳による胸を抉るようなボールが広野の脇腹を直撃した。アンダースローの軌道的に左打者の広野が避けられるはずもない。前日、星野から打った満塁弾への報復であることは明らかだった。のちに広野は肋骨骨折と診断され、またもや戦線離脱を余儀無くされたのである。

「ほんとに僕の人生は天国の後に地獄が来る。悔しかったですね」

広野の忸怩たる思いをよそに、この年巨人は前人未到のV9を達成。広野も来年こその活躍を誓いながら、優勝旅行先であるハワイで束の間のバカンスを過ごしていた。しかし、その意気込みは再び川上の言葉によって打ち砕かれることになる。

川上の〝情〟

ハワイのホテルでの会食が終わった後、マネジャーに「監督の部屋に行ってください」と言われた広野は、すぐに川上のもとへと向かった。しかしあまりいい予感はしない。部屋に入るなり、川上はこう告げた。

「左の外野手は淡口（憲治）、萩原（康弘）、柳田（俊郎）が育っている。お前はようやってくれたが、もう使わない。クビにしようと思う」

「そうですか……。わかりました」

「お前、どうする？　まだ野球がやりたいか？　野球を辞めるなら、俺が一流企業を全部紹介したる」

「川上さん、お気持ちはありがたいですが、僕は中日で始まったので、中日でプロ野球人生を終えたいです。巨人で終わったほうがいいという意見もわかりますが、『生涯、面倒を見る』と言ってくれた球団に戻って終わりたい」

一瞬、驚いた表情をした川上だったが「わかった。フロントに伝えておくから待っとれ」と言い、広野を下がらせた。

帰国後、すぐに球団から電話があり、広野は球団事務所へ呼ばれる。去就が宙ぶらりんの広野である。大手町に聳える読売新聞ビルへ向かう胸中は当然穏やかではない。

「中日とのトレードがなければ、どこに就職する？」

球団事務所がある9階までのエレベーターで、広野はみずからの身の振り方をぼんやりと考えていた。

球団事務所の応接室には球団代表がいた。広野が席につくや、「広野君の希望通り、中日とのトレードが決まりました」と簡潔に告げたのだ。

「ありえないんですよ。だって、読売と中日は同じ新聞社でライバル。血で血を洗う紙の拡販戦争をしているわけです。それが簡単にトレードを受けるなんて考えられないことでした」

代表によると、このトレードは川上からの絶対命令で、球団は無償トレードという条件で実現させたとのことだった。

「僕はすぐに川上さんに連絡したんです。当時、川上さんはV9を記念した世界旅行中で、たしかヨーロッパにいたと思います。ありがとうございます、と感謝を伝えました。でも、1週間後また球団事務所に呼ばれたわけです。僕は、やっぱりトレードはダメだったんだと覚悟していました」

しかし、代表が発したのは意外な内容だった。

「実は無償トレードではなく、金銭トレードになりました。川上さんから『うちはチャンピオンチーム、天下の読売巨人軍だ。無償トレードとは何事か。1円でもいいから中日からカネを取り、金銭トレードにしろ！』とお叱りを受けまして。それで中日は200万円を出してきました」

「はぁ。そうですか」

広野はほっと胸を撫で下ろす。ただ、無償か金銭トレードかは選手にとって関係のない話のはずだ。

「それで、川上さんは『中日から取ったカネを広野へ餞別としてやれ』と。だから、この200万円は広野君に支払います」

川上から広野への粋なはからいである。

「涙が出ましたね。この人には一生頭が上がらんと思いましたよ」

この話し合いの後、広野は帰国する川上が降り立つ羽田空港に向かった。到着出口から出てきた川上に対し、直接礼を伝えるためだ。

「川上さん、トレードの件はありがとうございました。餞別も……なんてお礼をしていいのやら……」

「そんなことはいい。達者でやれよ」

「はい。ただ、僕が中日の一員になった以上は、巨人の10連覇を阻みますよ」

「おう、頑張ってやれ。そのぐらいの勢いだったら大丈夫や」

1974(昭和49)年、広野は中日に7年ぶりに帰ってきた。そして、広野が川上に言った言葉通りに、その年中日は巨人を抑えて優勝するのである。

「のちに聞いた話によれば、川上さんは中日に対して『広野は選手としては終わっているけど、指導者としては可能性がある』と言って、トレードの根回しをしていたらしいんです。おいおいと思いましたが、たしかに僕は翌年1年プレーして現役を引退するんですね」

古巣に3度目のトレード

「ドラフト一期生、黒い霧事件、巨人のV9など球界の節目に、僕はたまたま居合わせることができました。中日に帰ってきて、大した仕事はできなかったけど現役最後に、球界の大きな歴史の1ページに立ち会うことができたんですわ」

広野の現役最後の年となる1974年、セ・リーグはまれに見る混戦となった。中日と巨人が熾烈な首位争いを繰り広げ、最終的にゲーム差は0。中日は10月12日の大洋とのダブルヘッダーで連勝し、勝率1厘差で20年ぶりの優勝を果たしたのである。

中日が華々しい結果を残したこの年、広野は35試合に出場するも1本塁打に終わり、現役引退をしている。現役最後の1本は、平松政次から打った。広野にとって平松は1971年の代打逆転サヨナラ満塁本塁打を放った後に死球を受けた因縁の相手だった。

「通算78本目を平松から打てたのは印象深いですね。しかも、この年の中日はゲーム差なしの勝率で優勝しているわけですから、僕の一打による1勝がなければ優勝は危うかったかもしれない。そう思うと最後に最低限の貢献はできたかなと思っとるんです」

宿敵・堀内との因縁

また、広野が引退を決意したきっかけは堀内恒夫との対戦だ。広野と堀内には、さまざまな因縁があった。

広野はプロ1年目に、堀内から逆転サヨナラ満塁本塁打を放った。広野と堀内は、年齢は違えどドラフト一期生の同期である。広野の母も「堀内君に負けないように」と再三手紙を出して、発破をかけていたという。一方の堀内も広野が巨人へ入団した際、顔を見るなり「これでやっと厄祓いができた」と言ったというから、お互い意識し合うライバルであったのだ。

「僕はプロ入り直後に怪我をした右肩がずっと痛かったんです。試合後はアイシングして朝起きたらゆっくり動かす日々でした。かなり体はしんどかったし、実際の成績を見てもここまでかなと。ただ、最後に堀内が投げているときにもう一度、代打で出たいと思ったんですよ。堀内と最後の勝負をして、自分の野球人生に見切りをつけようと思ったわけです。打てても打てなくても辞めようと」

そのチャンスはシーズン早々に実現した。1974年5月12日の巨人戦。1対1で迎えた延長11回裏に、中日は満塁の場面を作ったのだ。巨人のマウンドには堀内。相変わらずふてぶてしい様子で立っている。

ベンチ裏のスイングスペースから、その様子を見ていた広野は「ここしかない」と悟った。そして、すぐに打撃コーチだった徳武定祐に直訴した。

「代打、行かせてください！」

首脳陣に選手みずから出場を直訴するのは通常ではありえない。それは彼らの起用法に異を唱えることを意味する失礼なふるまいだからだ。しかし、この絶好の機会を前に広野はそうせざるを得なかった。

「俺からそんなことを監督に言えるわけがない。自分で監督に言え！」

徳武は、広野の一世一代の進言を袖にする。

「選手がこんなにお願いしているのに、無碍に扱うのはどうなんだと腹が立ちましたよ。なんなんだこの人はと。こんなコーチにはならないと、後年、指導者になってからは心に決めていましたね。それで、僕は監督のウォーリー与那嶺（要）に『野球生命を賭ける打席です。行かせてください！』と頭を下げたんです」

広野の意気込みを買った与那嶺は「オーケー！　広野行け！」と送り出した。

演出家で古典演劇評論家である戸部銀作は、逆転サヨナラ満塁本塁打を2本打った広野に、かつてこう言ったことがあった。

「広野君、君は他の人が絶対やれないことを2度もやったんだよ。もう一度打ったら、その時には新聞記者を集めて記者会見をしなさい。今日限りで引退します。神様のお告げがあったから、僕は『逆転満塁サヨナラ本塁打教』の教祖様になりますと言いなさい」

戸部に冗談混じりに言われていた広野だったが、みずからのけじめとしてこの場面を待っていたのである。

「真っ直ぐが来て、弾き返したんです。人生でも指折りの会心の当たりだったんですが、ライトライナーでアウトです。これで、自分の野球人生に悔いはないとスッキリしました。試合後、与那嶺さんに『明日からファームに行ってまいります』と言い、二軍に行ったんです。二軍に行くときには、引退を決意していました。ただ、二軍の選手のお手本になるように練習はしっかりしていましたよ」

広野が引退を表明した後、中日は20年ぶりの優勝を果たした。10月12日の大洋とのダブルヘッダーに連勝して中日が優勝を決めると、同日V10を阻止された巨人の長嶋茂雄が引退を表明。中日の優勝が霞むほどの衝撃が日本中に走ったのだった。

これにより、翌13日、後楽園球場での中日との今季最終戦ダブルヘッダーが、長嶋茂雄の引退試合となるはずだった。しかし、これまた広野へ不思議な巡り合わせが回ってくる。

長嶋茂雄引退試合の奇跡

この試合、球界のスターである長嶋最後の花道であるから、当然中日もフルメンバーで臨む予定だった。しかし、13日はあいにくの雨となり、試合は14日にスライド。この順延によって本来出場するはずではなかった広野が、長嶋の引退試合に出場することになるのだ。

「14日は中日が名古屋で優勝パレードをする予定だったのです。これは道路を封鎖したりするから、日程を動かせない。主力メンバーは、当然パレードに参加しなければならんのです。だから実は、長嶋さんの引退試合は主力メンバーや与那嶺監督は出ていないのです。僕は主力ではないから、パレードには出ない。だから、14日の試合に出場することができたわけ」

広野は14日ダブルヘッダーの第二試合目、長嶋茂雄最後の試合に五番・一塁でフル出場した。

「最後の打席は、なんとか長嶋さんのいる三塁に打ちたいと思って、捕手の吉田孝司に『外角の真っ直ぐを頼む』と言ったんですが、結果はセカンドゴロでした。ただ、途中でサードフライは打てたので、花は添えられたかなと。あと、長嶋さんの最後の打席は併殺打なんですが、そのボールは一塁の僕が受けました」

これが広野にとっても現役最後の試合であった。巨人に移籍した頃、長嶋は広野をたいそう可愛がったという。長嶋は六大学で対戦経験がある広野の長兄のことを覚えており、移籍当初「君が孜の弟か」と声をかけてくれたのがきっかけだ。長嶋の妻・亜希子の弟が広野の慶應大野球部時代の3つ後輩という縁もあった。長嶋は遠征の際に広野を食事に誘うなど、2人は多くの時間をともにした仲だった。

このように世話になった長嶋に向け、広野は試合前に電報を打っている。

広野の名が刻まれた「長嶋茂雄引退試合」。広野はダブルヘッダーの１試合目は代打、２試合目は「５番・１塁」でフル出場している。写真＝時事

「僕も長嶋さんと一緒に小さな引退試合をやらせてもらいます」

広野の心の整理がついた。

「我が巨人軍は永久に不滅です」

こう語る長嶋の背後に見えるスコアボードには、広野の名前も映し出されている。ミスターの影に隠れ、広野もひっそりと現役を退いたのだ。

長嶋最後の打席は、同じく勇退する川上監督が特別に一塁コーチャーズボックスに入っていた。巨人時代、広野に目をかけ、餞別までくれた川上は一塁を守る広野に対して、「お前もおつかれさん」と声をかけたのだった。

こうして稀代の満塁男は、通算689試合に出場し、440安打、78本塁打、打率2割3分9厘という成績を残し、9年の現役生活に幕を下ろしたのである。

第3章

ブン屋稼業

アメリカへの夢

「僕は引退後に中日、ロッテ、西武でコーチをやって、黄金期の西武では二軍監督、三軍監督も務めました。ロッテと楽天では編成部長もやりましたが、すべての原点は引退後の3年間の新聞記者生活だったと思っています。プロ野球選手を辞めてから新聞記者になる人はまずいない。球界を俯瞰して見ること、選手や首脳陣から話をいかに引き出すかなどの力は、後々のキャリアに相当生かされました」

広野は、中日が20年ぶりに優勝した1974(昭和49)年に現役を引退。このときまだ30歳である。娘2人を養う一家の大黒柱としては、これからが働き盛りだ。ちなみに現役最終年の年俸は700万円。これがなくなるのだから、悠々自適に過ごすわけにはいかない。

身の振り方を思案していた広野に、中日は2つの選択肢を提示した。1966年のドラフト指名時、「一生、うちのグループで面倒を見る」と切った手形を、中日は誠実に履行したのだ。

中日球団社長の小山武夫いわく、「東海テレビの解説者になるか? あるいは中日新聞社の社員になるか?」と。

だが、どちらかを選べと言われた広野は、どちらも選べずに苦悩した。

「僕はやっぱりアメリカへの夢を捨てきれんかったんです」

広野は慶應大時代、メジャーリーグのドジャース入り一歩手前までいった過去がある。１９６４年の東京オリンピックのデモンストレーションゲームで戦ったアメリカ選手たちの衝撃はいまだ脳裏に焼き付いていた。現役を引退したからには、アメリカの野球を勉強しにいきたかった。アイク生原の愛称で知られる生原昭宏がドジャースで球団経営を学んでいるという報道も、幾度となく耳に入っており、広野の心はおおいに刺激されていた。広野は、密かにアメリカ行きを画策していたのである。


１９７4年の暮れ、広野は名古屋の伏見にある老舗料亭「鯛めし楼」を訪れた。ビジネス街にひっそりと佇み、舌の肥えた名古屋人へ伊勢湾の真鯛をふるまう名店である。

「慶應大の2年先輩で、慶應のゴルフ部のキャプテンだった鈴木晴視《はるみ》さんが、そこを経営していたんです。ジャイアンツ時代に知り合い、名古屋に行った際は、必ずお店を訪れていました。名古屋の財界のことをよく教えてくれる人で、『困ったらいつでも来い』と。信頼していた人でしたから、彼に進路について相談に行ったわけです」

開店前の客がいない店内で、鈴木は鯛めしをふるまいながら広野の進路に助言した。

「アメリカに行ったらカネはいくらかかるんだ？」

「500万円くらいかかります」

「お前、そんなにかけて行く価値はあるのか。アホか。中日からも就職先を提示されているんだろう？」

「僕はマスコミにはあんまり行きたくないんです。やっぱり現場で野球を勉強したいんです」

「なるほど。ところで、お前、喋る（解説者）のと書く（新聞記者）のはどっちが嫌なんだ」

「そりゃあ、書くのが嫌ですよ。原稿なんて書いたことないし、ありえないです」

「わかった。じゃあ、中日新聞社に世話になれ。お前、まだ31だろ？　今から楽な道を選んでどうする。人生これからなんだから苦しいほうを選べ」

代打としてなかなか結果が出なかったジャイアンツ時代に、励まし続けてくれた鈴木の言葉である。親以上に信頼を寄せていた彼の言葉を広野は信じ、聞き入れた。

「正直、参ったなと思いましたよ。ただ、考えてみれば鈴木さんの言う通り、楽をするのはまだ早いなと。社員であれば定年まで職は安定しますし。ただ、記者の初任給が手取りで11万7000円だったため、家内と相談してかなり生活は切り詰めましたね」

中日新聞の新入社員

かくして前年までプロ野球選手だった男は、バットとグローブをペンと原稿用紙に持ち替えて、1975年から中日新聞の新入社員として第二の人生を歩み始めたのだ。広野のキャリアを生かせるようにと、所属は中日スポーツになった。

「中日スポーツに最初に配属された先は、整理部の校閲係ですよ。印刷にかける前の記事を読んで間違いがないか、確認するのが仕事です。漢字の使い方や送り仮名などの統一表記ルールを定めた記者ハンドブックというのがあって、それとにらめっこしながら、赤ペンでチェックしていくんです」

百戦錬磨の現場記者といえども、書いた文章には当然ミスもある。しかも当時は金属型の活字を職人が拾って記事を組んでおり、カギカッコや句読点の位置がひっくり返っていることも多々あった。

「僕の隣の机には、中日新聞の生き字引と呼ばれる浅沼耕さんというベテランがいました。僕は10行の原稿だと2つくらい赤字を入れるのが精一杯だけど、同じ原稿を浅沼さんが見ると、チェックだらけで真っ赤なんですよ」

選手時代は守備に定評のあった広野だが、その校閲はトンネルだらけだった。当然、校閲部の中でも「こいつ、大丈夫か?」の痛い視線が突き刺さるようになる。

前年まで、朝から晩まで野球漬けだった広野には、たしかに酷な仕事だったかもしれない。しかし、ここでも広野は逆転サヨナラ満塁本塁打ばりの一打を放つことになる。

「ある日、阪神の試合を報じる記事の完成直前の試し刷りである、大刷りを最終チェックしていたら、左打ちのバッターが右で、左右反転で載っている。『浅沼さん! これ写真が裏焼きです!』と僕が言ったら、浅沼さんは血相を変えて『輪転機止めろ!』と大騒ぎ。間一髪間に合いました。それで『元プロ野球選手のお前じゃなかったらわからなかった。新聞社が大恥をかくところだった』と部長賞をもらったんですよ」

浅沼のような校閲のプロたちが二重三重に目を光らせているのは、あくまでも文字。写真についてはチェックが甘くなったのかもしれない。そこを広野がカバーしたのである。この件以来、広野は整理部の立派な戦力として認知されていった。

「なにしろ、整理部長と報道部長が、フロアに響き渡るような大声で、怒鳴り合いの喧嘩をしておるんですよ。なんだなんだと聞き耳を立てると、どうやら僕をどっちの部で使うかという話なんです。報道部長としては、僕の元プロ野球選手のキャリアを生かして、記者として現場に出したい。でも、整理部長としては僕を手放したくないと言っているんです」

広野は新聞社の社員として高い評価を受けていたというエピソードだが、選手時代、何度もトレードを経験している広野としては、複雑な心境だったろう。

結果的に整理部長が折れた。広野は校閲係を半年務め、1年目の秋に報道部へ異動したのである。元プロ野球選手としての人脈や観察眼を発揮しようと、広野はおおいに意気込んだという。

「ところが、最初はアマチュアスポーツの担当。中日新聞が毎年開催していた野球教室の取材に行けという指示でした。そんなもの、どんな記事にしたらいいのかわからないとデスクに尋ねたら、『去年もその教室の記事を載せているから、参考にすればいい』と言う。だから現場に行って写真を撮って、選手名だけ変えて、去年の記事をほぼ丸写しで提出したんですよ」

広野の10行ほどの原稿を受け取ったデスクは、読み終わると深い溜め息をついた。「広野、日にちくらいは変えてくれよ」と、目も合わせずにすっかり呆れた様子だったという。

この初仕事に限らず、駆け出し記者時代の広野はポンコツというほかない。12月の全国高校駅伝に際しては、京都まで足を運んだが門外漢の競技の記事に一向に筆が進まなかった。広野の遅筆に痺れを切らしたデスクは「共同通信の提供記事を使うから、もういいよ」とさじを投げたのだった。

だが、報道部での評価が暴落していた頃に、またしても広野は〝逆転満塁本塁打〟を放つ。

「春先に行われるゴルフの中日クラウンズの取材に行ったら、青木功さんが出場してました。同じ『功』ということで巨人時代から懇意にしていただいてたんです」

青木は、広野の顔を見るなり「お前、こんなところで、なにしとんじゃ⁉」と驚いた。記者広野にとって、このチャンスを逃すわけにはいかない。

「野球を辞めて、いまは中日スポーツの記者をやっとるんです。ところで、青木さんなんかおもしろい話くださいよ。雑感になるような、ちょっとしたことでもいいので」

「おう、それならあるぞ。俺な、今日ニュークラブで打つんだ」

「使ってない新しいクラブで打つなんて大丈夫ですか？」

「お前、こっちはプロだぞ。大丈夫、大丈夫」

　その言葉通り、青木は首位に立った。

「だから、僕は『青木、ニュークラブ使用でトップ』みたいな20行くらいの記事を書いたんです。そしたらデスクに『お前、これ本当か？　スクープだぞ』と言われて、リライトされて1面トップになったんです。試し打ちもしていないクラブを使うなんて普通はないですよ。クラブはそれぞれ感触が違いますから、プ

青木功（右）との交流は長きにわたって続いている

ロといえども微妙な誤差が生まれるはずです。これも『お前の取材能力はすごい』ということで部長賞をもらいましたね」

こうしてスポーツ記者として着実に力をつけた広野は、いよいよ中日スポーツの花形であるドラゴンズ担当記者となった。当時の中日スポーツのドラ番は、チームへの取材という通常の業務だけが仕事ではない。ドラゴンズのフロント、監督、選手の間を飛び回るメッセンジャーのような役割も果たさなければならなかった。こうした表に裏にチームを支えるドラ番を広野は1年間務めることになるのだ。

スポーツ新聞記者、稲尾を口説く

1977（昭和52）年オフ、巨人に15・5ゲーム差をつけられて3位となった中日は、与那嶺監督が勇退し、中利夫体制になることが決定する。

「中体制になることは1977年夏前には、ほぼ決まっていました。こういう中日の組閣時は情報収集などで、担当記者も動きます。このときは、一軍投手コーチがなかなか決まらなかった。担当記者たちも権藤博など候補を挙げたりするけど、新聞社の重役連中も口を出したりして決まらない。僕は稲尾さんが適任だろうと思っていました。正直、中さんは非常に細かくて神経質な性格なんです。だから、僕は稲尾さんのようなおおらかな性格のコーチがチームに必要だと思ったんですわ。稲尾さんなら投手としての知識も豊富ですからね」

名古屋・栄の旧中日ビル6階の球団事務所では、初夏の熱気とタバコの煙が充満していた。この日も投手コーチを決める話し合いが行われたのだが、ここで広野は切り出した。

「稲尾さんはどうですか」

幹部たちは、驚いた表情を見せたが「バカ野郎。稲尾が来てくれるなら万々歳だが、あいつが九州を出るわけがないだろう。ありえない」と好き好きに広野へ批判をあびせる。しかし、広野には稲尾招聘の勝算があった。

「僕なら動かせます。99％、自信があります」

広野は、みずからが描いた勝ち筋を幹部連中にとうとうと語った。

「稲尾さんは西鉄の監督時代に僕を巨人へトレードに出しとります。黒い霧事件で足りなくなった投手を補うため、『西鉄を助けるためや』と言って僕を放出したわけです。その貸しがあるから、稲尾さんは僕の言葉は無下にはできんでしょう。あとは僕の家内の親父は、選手時代から稲尾さんを可愛がっていました。そんな男の義息子《むすこ》の言うことを簡単には断れないはずです」

「そうか。じゃあ行ってこい」と背中を押された広野は、稲尾を口説き落とすために九州へ飛んだ。


1977年7月23日のオールスター第一戦は、福岡の平和台球場で行われた。広野は取材という体で九州に向かい、稲尾との接触をはかったのである。当時、稲尾は西鉄の監督を辞め、評論家や解説者をしていた。地元放送局の解説者であるから、平和台のオールスターに来ないわけがない。試合後、稲尾の行きつけである中洲の会員制バー「梵天」でふたりは落ち合った。小さな店内のカウンターで、広野は仕掛けた。

「稲尾さん、評論家も飽きたでしょう。そろそろ、ユニフォームを着たらどうですか。それもパ・リーグじゃなしに、1回くらいはセ・リーグの野球をユニフォームを着て現場で学んではどうでしょうか」

稲尾はすぐさま広野の言葉の真意を見抜いた。柔和な稲尾の表情が瞬時に険しくなる。

「功、その話は本当か?」

「本当です。ここで稲尾さんが首を縦に振ってくれたら99％決まります。ただ、最後に中次期監督の了解が必要です。これが残りの1％です」

「それはそうだ。俺も中さんとは一度会わなくてはいけない。じゃあ、どうすればいい？」

「僕の誕生日である10月16日に名古屋に来てください。中監督も呼ぶので、顔合わせをしましょう。2人とも関係がある僕の誕生日会ということであれば、周りには怪しまれないでしょう」

「よし、わかった」

迎えた10月16日の昼。当時、名古屋の徳川町にあった広野のマンションで中監督と稲尾は相まみえた。両者は軽く挨拶をした程度だったが、お互い好印象で場は終始和やかだった。こうして、中監督の了承も得て、正式に稲尾の一軍投手コーチの就任が決まったのである。九州の鉄腕の就任に名古屋のファンは沸いた。裏で動いた広野の大手柄だった。

「出向」で二軍打撃コーチへ

　しかし、中監督は今度は二軍の打撃コーチを一向に決めない。ドラ番記者の広野としては、早く組閣人事の記事を書かなければならない。10月末、中監督の自宅に詰めかけた広野は、いてもたってもいられず問いただした。

「中さん、二軍のコーチなんて誰だっていいじゃないですか。OBでいくらでもおるでしょう。いま話してくれたら、明日にでも次期中日の全陣容を発表しますから」

　中監督は重い口を開け、気まずそうにつぶやく。

「実は1人だけ候補がいてな。本人にはまだ伝えてないんだが……」

「だったら、早く言ってくださいよ。で、誰なんですか？」

「……お前だ。広野」

　広野にとって青天の霹靂である。

「いやいや、ないです。ないです。ウソでしょう」

「もうお前しかいないんだ。どうする」

　広野の最初の中日時代、隣のロッカーは中だった。中の独特な流し打ちのバッティングについて、広野はよく質問をしていたという。また、中も広野を気にかけ、西鉄にトレードされた際は「残念だったな。でも、西鉄で中西（太）さんのバッティングを学んでこい」と送り出した経緯もあった。親密だった後輩の広野を入閣させたいと中は思ったのだろう。

ただ、広野の頭には家族の存在がよぎった。西鉄時代に結婚した広野の妻は、トレードなどで転勤をともなう球界にはうんざりしていた。さらに、プロ野球は年単位の契約で先行きが見えないことも不安視しており、再び球界に戻りたいと言えば、妻の反対は必至だった。とはいえ、広野にも色気が出る。引退した野球人たるもの、いつかは現場で指導者としてユニフォームを着たいと思うのは当然だ。

「1日だけ時間をください」

帰宅した広野は、早速妻にことの経緯を話したが、案の定、彼女は不安定なコーチ業に否定的だった。

「じゃあ、こうしよう。中日新聞からの出向という形にすれば、給料はそのままで籍も残る。仮にコーチをクビになっても、中日新聞に戻って来れば定年まで生活は安定するだろう」

この広野の折衷案を妻は応諾。球団も新聞社も納得し、広野は異例の出向人事として1978（昭和53）年から中日の二軍コーチとなったのである。広野はドラゴンズで6年間コーチを務めるが、最後まで中日新聞からの出向という扱いだった。

「出向で社員扱いですから、コーチとしては給料は安かったですよ」と不満も漏らす広野だが、実績は十分残した。投手で入団した平野謙の打撃センスを見抜き、スイッチヒッターに転向させたエピソードはつとに有名である。

「記者時代に平野の大学でのプレーを見ていたんです。彼はバッティングもいいし足も早いから野手のほうが向いていました。投手としてはパームが良くて、二軍で勝ってはいたけど、一軍では通用しない。二軍投手コーチの権藤さんは投手をやらせたいようでしたが、僕はこっそり左で素振りさせてたんです。そしたら、みるみるモノになっていたんです」

そして、1983（昭和58）年に中日のファームはウェスタン・リーグで優勝をおさめ、広野は打撃コーチとしてベストコーチ賞を受賞するのだ。

同年オフ、広野は稲尾から1本の電話を受ける。これが、ある男との出会いに繋がっていく。

第4章 落合博満・清原和博との邂逅

「おい、お前わかってるだろうな?」

「1984(昭和59)年から、僕はロッテの一軍打撃コーチになったんです。ここで出会ったのが落合博満ですわ。落合の2度目と3度目の三冠王を間近で見れたんです。落合との出会いは、僕の野球人生において非常に大きな経験になりましたね」

広野のコーチ就任のきっかけは、1983年11月に稲尾和久からかかってきた一本の電話である。

この電話の数日前、稲尾がロッテの監督に就任することが発表されていた。当時、中日二軍打撃コーチを務めていた広野は、この発表にある予感を覚えた。

「まさか、俺呼ばれないよな……」

広野は稲尾を中日の投手コーチに招聘していた。稲尾は引き受けたが、次第に中利夫監督とウマが合わなくなり、3年で退団した経緯がある。一方、ロッテは稲尾にとって縁もゆかりもない球団だ。監督としては気心が知れたコーチを腹心に据えたいと思うのは当然のこと。広野は西鉄時代からの縁もあり、稲尾には中日の投手コーチをしてもらったという借りもある。関東に乗り込む稲尾にとって、広野は絶

落合博満（左）の打撃理論にじっと耳を傾けた打撃コーチ時代の広野

好の側近候補だったのだ。

予感は得てして当たるものだ。その矢先にかかってきたのが、冒頭の稲尾からの電話である。

「おい、お前わかってるだろうな？」

稲尾の第一声を聞いた瞬間に、広野はすべてを察していた。

「ロッテの監督に就任されたそうで、おめでとうございます」

「トボけるな。おめでとうじゃなしに、お前わかってるよな。お前には貸しがあるぞ。お前の無理を聞いて、中日の投手コーチをやったんだ。中体制で散々苦労して嫌な思いをして九州に帰ったんだ。だから、今度はお前が俺を手伝え」

「ちょっと待ってください。家族の生活基盤も名古屋にありますし、いま即答することはできません……」

「そんなことはわかって言ってる。いいから、俺のもとで一軍打撃コーチをしろ」

「わかりました。家族会議をするので待ってください」

とはいえ、広野の心は稲尾についていくことに決まっていた。当時、広野は中日新聞からの出向という形でコーチをしていたものの、やはり給料が見合わず、賃上げの要求をしていた。ただ、身分保証もあるうえに給料まで上げるのかと他のコーチ陣から不満が漏れていたのも事実。広野としては、このまま中日のコーチを続けるのは居心地が悪かったのだ。

結果的に、家族の了承も得た広野は、一家揃って東京へ移住。広野は1984年にロッテの一軍打撃コーチに就任したのである。

異次元の男

新天地であるロッテは前年の1983年、球団史上初の最下位に沈んでいた。大型連敗を何度も繰り返し、終わってみれば5位の南海とのゲーム差は8。首位打者の落合博満が気を吐いたがチーム打率はリーグ5位、エース村田兆治をケガで欠く投手陣の防御率は12球団最下位の5・12と、ボロボロの状態だった。

勝手がわからないチームの指揮を任され、どこから手をつけようかと案じる稲尾を広野は明るい声で鼓舞した。

「このチームは昨年43勝しかしていません。ちょっと勝てば上にいきますから、悪く言われません。楽勝ですよ」

打者では落合、有藤道世、レロン・リーなど好打者がおり、1984年は村田兆治がリハビリから復帰する気配もあった。また、打撃兼外野守備コーチには1978年からチームを見ている高畠康真（導宏）もいた。

「高畠は現役生活は短いけど南海時代に野村克也イズムをしっかり吸収していて、分析力に長けた非常に優秀なコーチです。高畠は相手投手のクセを見るのがうまいし、人当たりがいい。有藤や落合など難しい性格の選手を取りなしていた。なので、僕のやることはないだろうから、稲尾さんの子守りでもするかと思っとったわけです」

高畠は落合博満を1979年の入団時から見続け、1981年から3年連続の首位打者を取らせている（1982年は三冠王）。のちのヤクルトコーチ時代には飯田哲也を育て、ダイエーでは吉永幸一郎・浜名千広・小久保裕紀を指導。中日では山﨑武司の長距離砲を磨き上げ、オリックスでは田口壮を教えた。こんなコーチがいては、たしかに広野の出番はないかもしれない。

それでも広野はかまわなかった。稲尾が気持ちよく指揮できるように、環境を整えることこそが自分の仕事だと切り替えたのである。

迎えた鹿児島の春季キャンプ。広野は落合の練習風景をその目で見て、衝撃を受けた。

「落合の一挙手一投足が理解できない新しいものに見えました。彼の練習は独特で、我々の引き出しとは正反対のことをしていたんです。たとえば、フリーバッティングでは100キロくらいの緩いボールを打ち続ける。それをファースト側、ピッチャー正面のネット、サード側に打ち分けるわけです。普通だったら、ガーンとフルスイングして、飛ばしにかかるものですが、落合は決してそのようなバッティングをしない。キャンプ中は、ずっとそんな調子です。これで、どうやって首位打者や三冠王をとれるんだろうと不思議でしょうがなかったですね」

自分が落合に教えることはなにもない。しかし、彼の不思議な行動を見た広野は、打者出身者としての好奇心をくすぐられた。教えることがないならば、その打撃理論を逆に教えてもらおう。コーチと選手という立場は早くも逆転した。

しかし、広野が意図を探ろうにも、落合はグラウンドではほとんど喋らず、マイペースを崩さない。そこで、落合が酒好きだという情報を聞きつけた広野は、彼を関西遠征のたびにバーに誘い、バッティングへの考え方を聞き出した。スポーツ記者だった広野にとって、それはさながら〝取材〟だった。

バーでの〝取材〟

当時、ロッテが常宿にしていた大阪東急ホテルの地下には、バーがあった。照明が薄暗く、そこまで客も多くない落ち着いた店だ。そこに広野は落合を呼び出した。

「オチ、飯食い終わったか。ちょっと下のバーに行かないか」

キープしたカミュ・ナポレオンを落合に注ぎ、「今日のバッティングは良かったな」とほぐしながら、徐々に本題に入っていくことが常だった。

「普段は東北人らしく寡黙な落合ですが、飲ませると饒舌になる。酒が入ると、思っていることを吐き出してくれました。そういう〝取材〟を1年間続けて、落合のバッティングを理解していったのです」

当時のパ・リーグは近鉄、南海、阪急と3球団が関西に拠点を置いていた。そのぶん遠征も多くなり、広野がここで落合と話す機会も頻繁になっていく。最初は警戒していた落合も、広野に何度も誘われ、教えを乞われるうちに次第に打撃の奥深くまで話してくれるようになったという。

「フリーバッティングで緩い球を打つ理由を聞いたときは、『角度とポイントを確かめるため』だと落合は答えました。速い球だと反射で打つから、インパクトの瞬間が見えない。落合は緩い球を打つことで、どの角度で打つとどこにボールが飛ぶかを確認していたそうです。この角度でバットが入ればサード、ここならセンターという具合で確認するためには、あれ以上のスピードになると無理だと。『反射と反動で、やみくもに打つだけではバッティング技術は上がらない。あれは技術をつけるための練習なんですよ』と、こう言われたら、こちらも疑問氷解です」

この緩い球を打つ練習で、落合は打撃投手にもこだわった。同じテンポでコントロール良く遅い球を投げ続けるのは意外に難しい。それができたのが1975年に東北高校からロッテに入団し、引退後に打撃投手を務めていた立野清広だった。落合は「オレのバッティングピッチャーは立野に固定して欲しい」と言い、彼を専属の打撃投手にした。ちなみに少年時代の立野は、当時現役で、東北遠征に来た巨人時代の広野にバットをねだり、試合後にもらったことがあるという。広野とも浅からぬ縁がある男だった。

酒が苦手だという広野でも、落合と話すこのときばかりは酒が旨く感じた。なにしろ落合のスタイルにはすべて理由があり、落合はそれを誰でもわかる言葉で淀みなくスラスラと語れるのである。

「ここまで自分のバッティングや技術の程度を細かく理解して、言語化し、技術追求をしている選手は、それまで見たことがない。これは三冠王を取るのも当たり前。もしも僕が現役時代に彼の話を聞けていたら、僕の選手生活も大きく変わったのではないか……そんなことを思わせる時間だったですね」

たとえば広野は、西鉄時代に、中西太から「アウトコースを意識しろ」と言われた。中西に限らず、「アウトコースへの目付けによって、ボールに対して体が開かないようにせよ」は当時の球界の常識だった。しかし落合の口からは、正反対の〝アドバイス〟が出たのである。

「自分の目付けはアウトコースではなく、常にインハイです。体の近く、特にインハイは速い球に対して最もバットを出しずらいため、そこに合わせて準備と意識をするんです。それに僕は右ピッチャーは全然平気だけど、左でインサイドに食い込んでくるボールが苦手。インサイドをさばくのも下手だし。それもあって、目付けをインハイにしているんですよ」

落合のバッティングの大きな特徴であるアウトステップも、こうしたインコースへの意識から自然に生まれた。

「本当はスクエアで待ちたいけど、アウトステップで打つのは、防衛本能なんですよ。広野さん、みんなピッチャーを信用しすぎなんです。僕は頭付近に何回も食らっているから絶対信用しない。ピッチャーは、まともにベースの上だけに投げるもんじゃない。頭に食らったら商売上がったりですからね。必ず来るもんだと思っているから、試合では勝手にアウトステップになるんです」

実際、落合は1982（昭和57）年の西武戦で東尾修に頭部への死球を受け、救急車で運ばれたことがある。現役時代の広野も、先述のようにホームランを打った直後の打席で報復の死球をくらい、肋骨を折られシーズンを棒に振っている。落合の言葉にはうなずかされる点が多々あった。

ただ、死球は打席数にカウントされないため、打率にはプラスである。ケガのリスクがない四球なら、もっとよい。こうした四死球と打率の関係は、いまなら常識だが、当時の選手たちは誰もそんなことを意識していなかった。しかし落合は違った。

「広野さん、三冠王でいちばん難しいのは打率ですよ。ホームランや打点は打てば数字が積み上がっていきますけど、打率は打席に立てば立つほど落ちるからね」

打率は4打数2安打であれば5割だが、次の試合4打数0安打であれば2割5分になる。仮にその次の試合で4打数2安打でも、3割3分3厘と激増することはない。安打÷打席数で算出される打率で数字を残すには、分母である打席数をいかに減らすかがカギになる。

「この試合はどれだけヒットが打てそうだから、いくつフォアボールを選べば打率が下がらないかを考えるんです。打数を減らすためにフォアボールを作るんですよ。だから、僕はフォアボールの数が多いんです」

ここまで、打率について計算をしている選手に広野は出会ったことがなかった。

事実、落合の現役生活20年のうち、リーグ最多四球だったシーズンは9回を数える。三冠王になった1985年と1986年は、いずれも101個でリーグ最多だ。

三冠王の不満

　こうして広野はコーチ就任から1年間、落合のバッティング理論を聞き続けた。

「聞きたいことがどんどん出てくる。もはや記者時代を思い出すようでした」と話すように、現役引退後、中日スポーツの記者を務めていた広野の取材力がいかんなく発揮されたのである。かくして落合のバッティング理論の薫陶を受けた広野は、彼の考えを深く理解していった。これがのちの広野の打撃コーチとしての活躍に生きてくるのだが、当の〝師匠〟にとって、広野との初めての1年間の成績は不満なものだった。

　1984年の最終戦後、川崎球場の風呂場に広野がいると、たまたま落合も入ってきた。すると、落合は浴槽にザブンと入り、怒気のこもった口調で隣の広野に話しかけた。

「広野さん」

「なんや」

「日本のピッチャーはだらしないと思いませんか。外国人選手に三冠王を取られて悔しくないいんですかね」

「どういうことや？」

「だって、ブーマーに打たれると思ったら、打たさなきゃいいんですよ。フォアボールにすればいい。そしたら、あいつのホームランも増えないんですよ」

冷静な落合にしては、無理筋な話の展開だ。広野も、いつもと様子が違う落合に気づいた。

「さてはお前、ブーマーに三冠王を取られて相当悔しいんだな。その悔しさがあったら来年取ってみろ」

「絶対、取りますよ」

この年の三冠王に輝いたブーマー・ウェルズ（阪急）は、打率3割5分5厘、ホームラン37本、130打点と打ちまくっている。対する落合は、打率3割1分4厘、ホームラン33本、94打点と、数字だけを見れば立派な成績を残している。これには広野も「3割30本100打点だったら四番の条件としてはクリアしているのに、もはや落合はそんな次元にいなかったんですわ」と笑うしかなかった。

そんなやりとりがあった翌年の1985年、落合は三冠王を獲得し、有言実行を果たす。これにとどまらず、1986年も2年連続で三冠王を獲得した。

だが、熱意や闘志だけでは三冠王は取れない。2年連続の快進撃の陰に、広野の存在があったのだ。

ことの始まりは落合が三冠王を逃した1984年シーズン終盤まで遡る。試合前、珍しく落合は広野に意見を聞いた。

「広野さん、アウトステップだと速い球に差し込まれるから、アウトステップをスクエアかインステップ寄りに変えようと思う」

「まあ、とりあえず試合で試してみたらいいんじゃないか」

無理にフォームを変えても落合の安打ペースは落ちなかった。

「広野さん、来年もこれでいこうと思います」

落合は来季に向けてブーマーに勝つため、打撃フォームをテコ入れしようと考えたのである。しかし、これに広野は大反対した。

「シーズン残り数試合で投げるピッチャーは、はっきり言って二流や。エース級からは、それでは打てないぞ。お前の強みは、アウトステップすることで体の近くのポイントでボールを捉えられ、逆方向にもホームランが打てることだろう。ステップを閉じるとポイントを2段階は前に出さなければならない。このポイントを変えるとバッティングの感覚が狂うぞ。ポイントを変えることがどれだけ苦しいか、プロのお前ならわかるだろう」

不服そうな顔をする落合に、広野は続けた。

「じゃあ、アウトステップで今のポイントのままで打つにはどうしたらいいか。それは、下半身を鍛え直すことだ。お前は走るのが大嫌いだろ。走らないから下半身が弱って、差し込まれているんだ。スタンスの問題じゃない」

依然として不服そうな顔をする落合は、「はあ」とだけ言い残して去っていった。

「キャンプでバットを持ちたくないです」

そして翌1985年1月の自主トレの終盤、落合は広野に再び声をかけた。

「春のキャンプに行ったら、僕をバッティング練習から外してくれませんか。キャンプでバットを持ちたくないです」

看板選手がバットを持たないで練習すれば、マスコミが騒ぎ、広野をはじめコーチ陣の対応が大変になることは自明だった。

コイツ、また厄介なこと言い出したな……。

とはいえ、広野だけで結論は出せない。監督である稲尾に判断を仰ぐことにした。

「稲尾さん、落合がキャンプでバットを持ちたくないって言ってますけど、どうしますか」

「いいじゃないか。落合の好きなようにさしたらええ」

「野武士軍団」と言われた西鉄は、グラウンドを出れば豪遊していたチームである。稲尾もこの西鉄イズムを汲んでおり、選手の自主性を重んじる監督であった。稲尾は落合を信頼し、落合もまた稲尾を信頼していた。このような関係性ゆえの稲尾の発言である。広野はふたりの関係性をこう振り返る。

「落合はアマチュア野球で経験した、体育会系の理不尽な上下関係や管理体制が嫌いだった。結果がすべての弱肉強食のプロの世界では、そんなものは無意味なはずなんですが、そこにもやっぱり強固な縦社会があるんですよ。そこに管理野球なんてしない、自由でいいという稲尾さんが来たから、落合は意気投合した。野球界で初めて自分と考えの近い、理解者が見つかったと思ったんでしょう」

事実、落合は稲尾がチームを去ると同時に、ロッテから中日へ移籍している。それほど稲尾を慕っていたのだ。

かくして稲尾の自由放任路線は、落合とジャストフィットしたが、かといって落合のやりたい放題にさせていては、チーム運営が成り立たない場面もある。看板打者がキャンプの全期間を通じてバットを持たなければ、せっかく来場したファンを失望させるし、そもそもスポーツマスコミに何を書かれるかわからない。そう考えた広野は、せめて5クール目からはバットを持つことを落合に約束させた。このあたりの調整能力こそ、広野が指導者やフロントとして野球に長く関わり続けている秘訣なのだろう。

こうして始まった1985年の鹿児島県立鴨池球場での春季キャンプ。広野は落合が何をするのか、まったく予想ができなかった。

落合は、広野の心配などどこ吹く風と言わんばかりに飄々とグラブだけを持ってグランドにやってきた。

「彼はバッティングケージの横で、ゴロ捕球を始めました。大体、120分単位で練習が進むのですが、落合は2時間延々とゴロ捕球をしていました。野球経験者ならわかりますが、中腰の体勢で左右にボールを振られるゴロ捕球は、30分もすれば足がパンパンになるくらいしんどい。だから2時間するってすごいことなんです。落合は走るのが大嫌いだから、ゴロ捕球を選択したんでしょうね。なるほどなと感心しましたよ」

このゴロ補球を来る日も来る日も延々と続けた。そして、バットを持つと約束した5クール目に入ると、落合は「僕はフリーバッティングに入らなくていいです。ティーだけしますから」と広野に告げた。

　また、こいつは何を始めるんだろう……。

　広野が好奇の目で見守っていると、落合はバックネットを越すように、ティーのボールを打ち上げ始める。ボールの下を打って空高く打ち上げているのだ。周囲は、みなポカンとしている。広野は居ても立ってもいられず、落合の元へ近づいた。

「オチ、それ何が目的なの？」

「ボールの芯を打っても上には行かないでしょう。打球の軌道を上げるためには、ボールの下3分の1を打ってスピンをかけないといけないんです。そのスピンをかけてネットを越す練習してるんですよ」

　それから、ひたすらキャンプが終わるまで落合はフライを打ち続けた。迎えたオープン戦。四番を張ることになる落合は、当然出場し、ファンやマスコミへの顔見せをしなければならない。しかし、ここでも落合は異例の発言をする。

「広野さん、試合出なきゃいけませんか」

「お前、オープン戦でもお客さんはカネ払ってんだぞ。うちの試合で、お前を出さなきゃ訴えられてもしょうがないくらいだ」

「だったら、僕1打席でいいですか。それと1球も振りません」

もはや、落合のこうした発言に広野は慣れ始めていた。

「まだ、落合は実戦で振るのは早いと思ったんでしょうね。またマスコミが騒ぐぞと思いましたが、例のごとく稲尾監督は『いいんじゃないの』と了承。僕は一塁コーチャーズボックスで見ていましたが、本当に1球も振らずにフォアボールになったんです。試合後、新聞記者に『落合さんが振らなかったですが、なぜですか』と質問されましたが、『今日はいかにボールを見るかがテーマだった』と適当に言ってごまかしましたよ」

落合の〝鏡〟

迎えた1985年のシーズン。さながら番記者のように落合に張り付き、オレ流理論を吸収した広野は、落合のわずかな異変にも気づくようになっていた。

「僕の役割は、落合の調子が悪いときやいつもと動きが違うときに、ベストな状態を気づかせてやることだと思ったんですわ。つまり、落合から1年間学び、吸収したことを彼の〝鏡〟になって返すことが役目になったんです」

広野は、練習中のバッティングケージの後ろに立ち、落合の動きを毎日観察し、気づいたことをさりげなく伝えた。

「たとえば、打つ瞬間まで、ヘルメットの後ろに書かれている背番号の6が動かないときは、顔がブレずにきちんとボールが見えている証拠なのですが、それが崩れる日がある。そんなとき僕は『オチ、今日はちょっとヘルメットの6が動くのだけど、それでいいの？』と言うんです。すると彼は黙ったまま、僕をジッと睨む。でも、次に打つときには頭がまったく動かず、ぶれないスイングに直っているんです」

こうした広野の指摘は細部まで及んだ。ある練習では、落合の左足のかかとの着地がいつもより早いときがあった。

「オチ、いつもは母指球が着いてから、ひと呼吸あるんだけど、今日はヒールダウンがやけに早いね」

「……」

落合は黙ったまま、広野をギッと睨む。しかし、次の日には指摘した箇所が修正され、バッティングの調子が良くなっている。こういうことの繰り返しだった。

言葉にはせずとも、落合は広野の助言を信頼していたと思われるエピソードもある。試合前の練習中、落合はしきりに首を傾げていた。広野がわけを聞くと「トップに全然入らないんだけど、どうしようかな」とぼやいたという。

「よく練習で、トップを確認するためにバスターをしてるじゃないか。試合もバスターで打てばいいんじゃないの?」

するとと落合は、バントの構えで打席に立ったのだ。そこから打ちに行き、ものの見事に3安打を放ったあと、落合はベンチで「広野さん、もうわかったよ」と一言つぶやいたのだった。

「落合は自分のバッティングに対して真摯で、忠実。高校生みたいにバスターで打つことは、普通のプロは恥ずかしがってできませんが、彼はそんなことよりも自分の姿を正そうという意識が強いんです」


1985年と1986年の2年間、広野はこうした鏡の役割に徹した。この2シーズン、落合は三冠王を連続で獲得するなど驚異の成績をあげたのだ。

この事実と照らし合わせれば、広野の存在なくして落合の三冠王はなかったのではないかと思えてならない。しかし、広野も落合も、これに関して語ったことはな

評論家となったかつての宿敵・星野仙一（右）も広野を訪ねた

いという。

「僕の存在が、三冠王に直結したのかはわかりません。僕がいなくても、彼は自分で気づいて修正していたかもしれない。なにしろ、指摘しても返事はおろか、感謝の言葉さえ最後までなかったんですから。彼が誰かに感謝を示している言葉は、いまだかつて聞いたことありませんよ。それが『オレ流』なんでしょうけど、そら嫌われるわね。落合は野球人として自分が成績を収めることができれば、それでいいという人間なんでしょう。ただ、個人的にはコーチとして少しは彼の役に立ったのかなと感じています。事実、あの2年間の成績は突出していますから。彼のいちばんいい状態を気づかせ続けた。それが僕と落合の3年間の付き合いでした」

一方、こうした技術面以外でも広野が落合の成績を後押ししたことはあまり知られていない。広野がコーチに就任した際、まず驚いたのはロッテの本拠地である川崎球場の環境の悪さだ。球場のトイレは汲み取り式で臭いもひどく、ベンチも狭い。球界きってのボロ球場だった。

「とくにロッカールームは湿気がすごい。しばらく放っておくと、バットやグラブにカビが生えていたこともあったくらい。だから、遠征から返ってきたら真っ先にグラウンドにバットを出して、乾かすんですよ」

言うまでもなく、バットはプロ野球選手にとって商売道具である。木製バットが湿気を吸ってしまうと重量が重くなったり、弾きも悪くなったりする。こうした現状を見かねた広野は、1985年、名古屋時代に知り合った合成シリカ専門企業・富士シリシア化学（本社・愛知県春日井市）の高橋誠治社長（当時）に相談した。シリカは、食品のパックに同梱されている乾燥剤「シリカゲル」でおなじみだろう。

高橋に電話したところ「広野、それは面白いな！　やったる！」と引き受けてくれた。そこから、高橋は東京支社の社員を広野に付き添わせ、現場の意見を聞き、バットの含水率を厳密に管理できるケースと調湿剤を開発していった。機密性の高いケースは、浅草のカバン屋に作らせた。

「まずは落合やろ！」という高橋の一声もあり、完成したケースの第1号は落合に提供され、落合は三冠王を獲得するのである。

落合はバットへのこだわりも人一倍強かった。メーカーから送られてきたバットを選ぶ際は、グリップの太さをまずチェックした。その選定は、必ず夕方4～5時の間に行われる。なぜなら、起きしなは手がむくんでおり、感覚が鈍いため、血流が良くなる夕方にしか感覚は戻らない、と落合が考えていたからだ。グリップの選定が終わると次は、バットの弾きの良さを音で確かめる。

こうしたこだわりを持つ落合である。ケースをもらったときは、おおいに喜んだという。

「落合が使い始めてから、徐々にプロ野球界でも使う人が増えていきました。イチローや立浪和義なども富士シリシア化学のケースを使っていましたよ。これも僕がわずかながら球界に貢献できたことのひとつですわ」

こうして広野は陰ながらロッテで大きな役割を果たした。稲尾とともにチーム作りを行い、1984年と1985年はリーグ2位と大健闘し、1986年は4位に終わりつつも、チーム打率は3年連続でリーグトップに輝いた。

西武・森祇晶監督からの呼び出し

来シーズンこそは悲願の優勝をする——。こう胸に誓っていた1986年のシーズン閉幕直後、広野は西武の森祇晶監督から突然呼び出しを受けた。場所は東京・品川の御殿山にある森の自宅である。森は巨人のV9時代を支えた正捕手であり、広野も巨人時代に親交があった人物だ。森は広野がロッテのチーム打率を向上させた実績を買っていたのである。

「おい、広野、来年うちに来い。稲尾は今年でクビらしいから、お前もクビだろ？」

「いやいや、チーム成績も上がっていますから絶対それはないですよ。僕は稲尾さんと一蓮托生です。冗談言わないでください」

「バカ。お前だけだぞ、知らないのは。稲尾に聞いてみろ」

森と別れたあと、広野はすぐに稲尾に電話をかけた。

「稲尾さん、森さんがこんなこと言ってましたけど、僕は来年他のチームのユニフォームを着ていいですか？」

「何言ってんだバカ野郎！　俺は辞めるつもりもないし、お前は俺と一緒にやるんだ。来年もやるに決まってるだろ」

「いやぁ、そうですよね」

広野が安心したのも束の間、数日後の10月24日にロッテは稲尾の3年契約を延長せず、解任すると発表。広野は何度も稲尾に電話したが、稲尾はその日、電話に出ることはなかった。

翌日、広野も東京・大久保にあったロッテ球団事務所に呼ばれた。応接間では球団社長らが鎮座している。自分は落合を三冠王にし、チーム打率を向上させた実績がある。稲尾がクビといえども、広野には自信があった。

さすがにクビにはならないだろう……。

「稲尾さんが契約しないことはご存じですね。広野さんも稲尾さんと一緒にお引き取り願います。ご苦労様でした」

球団社長は抑揚のない声で、広野に無情の宣告をした。

「参りましたよ。西武はコーチの人事が決まっていたので、時すでに遅し。そこから、解説者や野球評論、講演などを1年間行うことになるんですわ」

浪人の暮らしを支えたペン

「西武では清原（和博）らを指導して日本一になれました。黄金期の西武に携われたのは嬉しかったですね。僕のコーチ時代だと西武時代が一番印象深いです。実は、このときに僕はイチローとも交わるんですわ」

1986（昭和61）年に広野は、稲尾監督の退任とともにロッテのコーチを解任された。プロ野球のコーチ業は不安定だ。途端に無職になった広野は、職探しを余儀なくされるが、このときに生きたのが記者時代の人脈と経験である。

「お前、落合のことなんでも知ってるだろ？　落合について書いてくれ」

年末、中日スポーツ時代に行動をともにしていた、中日新聞本紙の運動部記者、橋本和男からの電話だった。

ロッテでは3年間の稲尾政権が終わり、次期監督は生え抜きの有藤道世がささやかれるなか、これに不満を漏らした落合博満を球団は問題視。シーズンオフにトレードで中日に放出していた。パ・リーグの三冠王を迎える名古屋のファンに向けた記事を、橋本は求めたのである。

「数年ぶりに原稿用紙と向き合いまして、落合の技術論から性格までを前後編に分けて書いた記事が、中日新聞の本紙に載りましてね。ほれで、それを読んだのが、中日スポーツのドラ番時代のデスク・三輪郁弘さん。中日スポーツで使うドラゴンズの選手紹介記事の仕事をもらえたんですよ」

かつて広野が記者からドラゴンズのコーチへ転身することになった際、三輪は「お前は、記者として十分やっていけるのにな」と惜しんでいたという。広野の記者としての腕前を高く評価していた三輪は、自社の媒体だけでなく、他紙の仕事までもちかけるほどだった。

これが広野の転機となる。

「広野、西日本スポーツで西武ライオンズの評論を書いたらどうか」

三輪がすすめた西日本スポーツは、東京中日スポーツから記事や紙面の提供を受けている間柄。西鉄ライオンズが福岡を本拠地にしていた名残から、後継球団の西武ライオンズについても紙面で扱っていた。彼らにしてみれば、野球を見る確かな目を持っている東京在住者に取材を頼めば出張費を圧縮できる。広野はうってつけの人材だったのだ。こうしてトントン拍子に話は進み、西日本スポーツで「広野の目」という評論コーナーが決まり、広野は西武戦へ足繁く通うようになる。ここから、新たな道が開かれていく。

「西武の監督だった森さんは、僕の評論を読んでいたそうです。『いい記事だ』ということで、森さんは僕をベースボールマガジン社に紹介してくれて、仕事をくれたこともありました」

西武線内のオファー

きっかけは突然だった。1987年のシーズン終盤、その日も広野は西武戦を観戦し、記者室で原稿を書き終えると、すでに外の人はまばらになっていた。西武ライオンズ球場を後にして、西武球場前駅のホームに向かっているとちょうど森監督が歩いてくるのが見えた。

「お前、何してんだ？」

森が驚いた表情で広野に声をかける。

「いや、西日本スポーツの取材で来てたんですよ」

「あぁ、あれか。読んでるぞ。そしたら、一緒に帰るか」

ガラガラの車内で並んで座ると、森がおもむろに口を開いた。

「お前、来年どうするんだ？」

「いや、何もないですよ」

「そうか。ところでお前、年俸いくら稼いでんだ？」

これはコーチの要請に違いない。広野はふっかけてみた。

「1600万稼いでますよ」

「ウソだろ？　お前そんなに稼いでるのか？」

ウソである。このとき広野の実際の年収は1200万円ほどで、400万円を盛っている。

「ほんとですよ。原稿仕事もあるし、落合の話で講演の依頼がやまないんですわ。税理士さんもこのままユニフォーム着ないで、この仕事続けたほうがいいって言うぐらいなんですよ」

森は笑いながら、こう答えた。

「わかった。じゃあ、来年、俺が西武に呼ぶ。どれだけカネが出せるかわからんが、待っとれ」

〝寝業師〟根本陸夫からの箴言

シーズンが終わると広野の元へ電話が入った。相手は西武の球団管理部長で、実質的GMでもあった根本陸夫である。根本は監督として西武黄金期の礎を築き、その後、管理部長として巧みなスカウトやトレードで球団を支えた「球界の寝業師」と呼ばれた男である。

「話があるから、東京プリンスホテルに来い」

広野が向かうと部屋の中で根本が待っていた。大正生まれで数々の修羅場を経験した根本は、険しい顔つきで広野に告げた。

「森がどうしてもお前がほしいと言うから、契約する。1800万だ」

広野のハッタリが功を奏した。そして、根本はこう続けた。

「広野、よく聞け。今の首脳陣は俺が全部決めた。ただ、森が唯一どうしてもと言ったのがお前だ。森が呼んだのはお前だけだ。どういうことかわかるか。森が『カラスは白い』と言えば、お前も白いと言うんだ」

森の側近として忠誠を誓え、という根本なりのメッセージだった。

森が広野を求めた理由の第一は、「清原を立て直せ」。打撃コーチに就任した広野に、森はそう厳命したのである。

広野が就任したとき、清原はプロ3年目。1年目の1986年には、打率3割4厘、本塁打31本、78打点と高卒離れした成績を打ち立てた。2年目も29本塁打83打点と好成績だったものの、打率は2割5分9厘と前年に比べて落ち込んでいたのだ。

「清原は落合と一緒で、軸足の右足がバッティングの際に全然動かない。膝が割れたり、中に入ったりせず、母指球の上にある。打つ時にも、かかとが後ろに回らず、股関節がぐっと回るため、逆方向にも強い打球が飛ぶんです。清原の2年目はそれが崩れていたこともあり、この打撃理論を伝えて修正させたんですわ」

これはまさに、広野が落合に対して行った「いい状態を保ってやる」という指導だ。二軍のコーチは、一から技術指導を行うことが求められるが、一軍コーチはいかに選手の良さを見つけて調子を維持させ、モチベーションを上げるかが仕事になる。それが広野の信条である。

広野はコーチ時代、常に投手の配球をチャートブックに記録していた。コーチ就任当初のシーズン前には、それを見せながら清原ら西武の野手陣にこう言った。

「ピッチャーが全部、ゾーンの四隅に投げたら完全試合できる。それをやられたら我々は拍手するしかない。四隅に来たらごめんなさい！　でいい。でも、1打席に何球かは甘い球が来るんや。それなのに四隅の難しいボールに目付けして、甘い球を見逃している。これはプロとして失格、切腹もん。清原や秋山（幸二）は、難しいゾーンまで自分のストライクゾーンを広げている。難しいところに気を取られて、甘い球を見逃しているから、本来3割打てるのに2割5分やら2割6分まで落ちているんやぞ」

100打席で25本のヒットを打てば2割5分だが、30本ヒットを打てば3割である。広野によれば、このヒット5本の差は、技術の違いではなく相手投手にどう対峙するかという戦術によるものだ。「打率を上げろ」ではなく、「あと5本を打つにはどうすればよいか」を広野は説いた。

「2球目の甘いボールをファウルして、3球目に難しいコースに手を出して凡退している。この2球目を仕留めなきゃいかんぞ。配球もある程度わかるだろう。150キロの球が来るのがわかれば、指2本短く持て。そしたら、プロで生き残れる」

他にも、広野はその日の相手投手の「狙い球」「絞るコース」を打順の二回り目までに確定させ、円陣で選手に指示を出していたという。正確性を求め、ベンチの壁にコピー用紙を掲示し、打席が終わった選手に配球を書き込んでもらっていた。

具体的な道筋を描いて見せたうえで、選手個々の特性にあわせて広野は接し方を考える。西武球団の宝である清原は、ことさらナイーブだった。

「清原は、自分を褒めてくれる人にはものすごく寄っていく性格で、厳しいことを言う人からは距離を取る。また、話し言葉に関しても繊細なところがあって『君、ダメ』みたいに標準語でキツくコーチに言われると拒絶してしまうきらいがあるんです。だから、僕は『今日のバッティングええやないか』と関西弁っぽい徳島訛りで褒めながら話す。彼は純真なんですよ」

このように広野は清原との関係を深め、指導を行った。そのおかげか清

西武打撃コーチ時代の広野と清原和博（右）

原の西武3年目は31本塁打を記録し、打率も2割8分6厘まで上昇。チーム打率も2割7分とリーグ1位。西武はリーグ4連覇を達成し、日本一にも輝いた。

しかし、翌1989年は最終的に西武は3位に陥落。優勝が目前だった10月10日からの近鉄戦はラルフ・ブライアントに3打席連続本塁打を浴びるなど3連敗。これでペナントの行方は決した。

「選手は、みんな優勝慣れしているというか、シラーッとしてるんですね。あの近鉄3連戦は誰も燃えてなかったように見えました」

この年のオフには、ある騒動が起きる。森がシーズン終了報告に行ったところ、オーナーの堤義明は「(監督を)やりたいなら、おやりになればいいんじゃないですか。どうぞ」と発言。これが物議をかもした。

「森さんと森さんの奥さんは、すごい怒ってたんだけどね。でも、我々コーチ陣は生活がかかっていたから森さんに続けてほしい。僕は『森さん、好きにすればいいと言われたんだから契約すればいいじゃないですか』って言ってね。結果的に、森さんは契約するんだけど、みんなが契約し終わった後にした。そこで、我々コーチの給料を上げてくれと交渉したんです。そこから給料が上がり、みなやる気を出したんですわ」

このときから広野らコーチの年俸は３０００万円に上がった。選手たちはともかく、意気に感じたコーチたちの士気は爆上りしたのである。

１９９０年のマウイキャンプ

翌１９９０年、西武は初めてハワイのマウイ島で春季キャンプを敢行。チームの空気を変えるためという首脳陣の思いのほかに、裏には西武グループ特有の事情もあった。当時、マウイ島では西武グループが「マケナリゾート」を開発しており、マウイプリンスホテルが建っていた。西武がキャンプを張れば、マスコミは連日宿舎であるホテル名を出す。このキャンプはホテルの宣伝も兼ねていたのだ。

「島には球場がないから、近くの高校のグラウンドを午前中だけ借りるんです。そこからホテル横に移動し、ネットに向かってひたすらティーバッティングをさせました。清原には１日７００球ほど打たせました。その年からコーチを務めた片平晋作はトスを上げすぎて、肘を腫らしていましたよ」

このマウイキャンプの甲斐あってか、西武は2年ぶりの優勝と日本一を達成。デストラーデが42本、清原が37本、秋山が35本とＡＫＤ砲が炸裂した。一方、この打線大爆発の裏では、森と広野によるある〝密約〟があった。

「シーズン終盤になると3人ともホームラン王を狙いたいから大振りするわけです。それでだいぶ形が崩れていた。そこで僕は森さんに『修正していいですか』と聞いたんです。でも、森さんは『するな。お前が修正して誰かが調子良くして、誰かが崩したら3人から恨まれるぞ』と。なるほどなと思いましたよ。ただ、デストラーデの本塁打王が確実となると『おい、広野、あいつらのバッティング修正しとけ』と指令が飛んできたんですわ」

清原、鈴木健（中央下）らが広野の指導を仰いだ

　森はこうした人心を理解した指導に長けていた。広野は森の監督としての特徴をこう振り返る。

「森さんは『なんでバントもできんのや』とか、愚痴を言う人なんですよ。でも、それは決して選手には言わず、コーチに言う。そのぶん、コーチにすべて任せてくれるわけです。選手に直接指導することも少なかった。たまに、コーチと選手の間に入ってしまう監督がいますが、そうすると選手はコーチでなしに監督の言うことを聞いてしまう。それではコーチは面白くなくなり、チームの和が乱れます。森さんは、コーチを信頼し、任せてくれたのでやりやすかったですね」

この森のもと、広野のコーチとしての手腕が発揮されたのは、清原だけではない。野茂英雄攻略にも広野は裏で尽力していた。

天敵・野茂英雄攻略法

1990年に近鉄へ入団した野茂はストレートとフォークを武器に、4年連続二桁勝利をあげるなど、パ・リーグの強打者たちからバッタバッタと三振を奪っていた。西武打者陣も例外ではなく、ワンバウンドするようなフォークにクルクルと回っていたのだ。これに森は苛立ち、広野を試合中に叱責した。

「おい、広野。見てみろ。あれじゃ、まるで素人が打ってるみたいだ。コーチのお前は、何を教えとるんだ？　おい、清原がフルカウントになったぞ。絶対フォークが来るから、『待て』のサインを出せ」

「いや、森さん、フルカウントで、さすがに『待て』はできませんよ……」

「ほう、そうか。それなら見とれ。三振するから」

清原は森の予言通り、野茂のワンバウンドするフォークを空振りしたのだった。

森に野茂攻略を命じられた広野は、選手にヒアリングを開始。するとみなが口を揃えて「真っ直ぐに見えるんです」と言う。

「これは、技術や狙い球を絞ることではどうにもならんと思いました。なので、なんとか野茂の癖を見つけようとしたんですわ」

広野は野茂の真っ直ぐとフォーク、それぞれの投球映像を用意させ、広野と7人の打撃投手で目を皿にして見比べた。しかし、プロが一晩中見ても、どこにも違いが見つからない。

「癖がないやつなんていない。癖を見抜いているバッターがいるはずだ。他球団も含めて、野茂から打っているバッターを探せ」

広野が部下たちに指令を出すと後日、野茂から4割近く打っているバッターが見つかった。オリックスの本西厚博である。

あいつ、絶対何かわかっている……。

そう踏んだ広野は本西に接触する。オリックス3連戦、初戦の試合前、外野で練習していた本西に広野はツカツカと近づいていき、声をかけた。

「おう、本西。お前、最近調子悪いなあ」

「そうなんですよ。全然、タイミングが合わないんすよ」

「そうだよなぁ。あれでは打てんわなあ」

「広野さん、わかるんですか？　こっそり教えてくださいよ」

「いやいや、敵チームに教えるわけにはいかんだろう」

広野はまずエサを撒いた。情報を取る心理戦もコーチの仕事である。得手して、その日も本西の打棒はふるわない。翌日の2戦目の試合前、今度は本西が広野に声をかけてきた。

「広野さん、わかってるならヒント教えてくださいよ」

「いいよ。だけど、交換条件がある。お前、野茂から4割打ってるだろ。なんか癖知ってるんだろう？」

「いやいや、何も知らないですよ」

「いや、知ってなきゃ打てない」

「……わかりました。じゃあ、先に自分の悪いところ教えてください」

こうして、広野は本西の欠点である、軸足の膝の割れを指摘した。本西は軸足の膝が外側に割れることで、インパクトのポイントがズレていたのだ。膝は母指球の上に固定しろ、と広野が伝えると、その日、本西は見事に3安打を放った。

翌日、3連戦の最終日、広野はさっそく本西に声をかけた。

「おい、お前すごいじゃないか。あれだけで修正するなんて名選手だよ。ところで、交換条件わかってるよな？」

「……広野さん、野茂ってどうやって投げますか？　トルネードで後ろに手を引いて、右手を下げますよね。……これ以上は言えません」

これを聞いた広野は、試合後から野茂の上半身をアップにした映像を見続けた。打撃投手らスタッフも血眼になって前後から撮られた野茂の映像を見ている。すると、ひとりの打撃投手が発言した。

「あそこおかしいと思いませんか？　トルネードの時にグラブを後ろに引きますよね。このときの右手。フォークの時は小指の第二関節がわずかに見えています」

通常、フォークの際はストレートの握りから人差し指と中指を広げてボールを握る。しかし、野茂のフォークの握りは、大きく広げた中指に沿わせるように薬指と小指も添えていた。このわずかな指が投球動作の一瞬で打者側から見えるというのだ。広野は野手を集めてミーティングを開き、この野茂のわずかな癖を教えた。

「広野さん、そんなとこ見てバッティングはできませんよ」

清原は苦笑いだ。

「石毛、お前ならわかるだろ?」

「いやぁ、見えません。仮にそれ見ても間に合いませんよ」

野手陣がブーブー言っている中、笘篠誠治が口を開く。

「僕、見えます。間に合います」

「わかった。お前はハイボールヒッターだから、フォークは打つな。真っ直ぐだけを打て」

こうして、広野は森に直訴し、笘篠を1番で起用。以降、笘篠は野茂を得意とし、西武の野茂攻略のきっかけとなった。ほかにも、広野は7人の打撃投手全員にフォークを習得させ、選手にもそれを打たせた。通常、打撃練習ではストレートとカーブ、スライダーの3球種を打っていたが、打倒野茂のためにイレギュラーな措置を講じたのだ。

「ほれで、今度はキャッチャーのサインを盗もうとなったわけです。野茂は真っ直ぐとフォークしかないから、サインは簡単だと。一塁走者がいる場合は、単発サインで、大体ストレートは人差し指一本、フォークはパー（5本）、小指は牽制でした。二塁に進むとキャッチャーはサインを3、4回出しますが、一塁で見たサインが分かれば、何番目が本物かがわかります。一塁走者が捕手のサインを見る技術は、いまでは常識になっていますが、当時は伊原春樹走塁コーチが根気よく指導した成果でした。また、一塁でのサイン盗みの技術は辻発彦が特出していました。リードを大きく取って顔は投手に向けながら、横目で捕手のサインを盗み見るのです。こうして、辻が盗んだサインをベンチで共有しました。そして、全員二塁ランナーになったときは、フォークの時にさりげなく肩を左右に振れと。でも、結局清原が大袈裟に肩を振ってしまって、バレたんですわ」

「おもしろくて仕方ない」二軍監督

このような広野らの陰の努力により、森政権は在任9年間で西武を8度のリーグ優勝、6度の日本一に輝いた。この時代は西武黄金期と呼ばれ、広野も森政権の7年を打撃コーチのほかに三軍監督（1992年）、二軍監督（1993年）として支えた。

広野は1993年の二軍監督時代が「おもしろくて仕方がなかった」と笑う。ちょっとしたきっかけで選手が育っていくのが、たまらないやりがいを感じたそうだ。

このとき、西武二軍にはリリーフとして後年、巨人などで活躍する豊田清（現・西武一軍投手コーチ）がいた。

「豊田はカーブが良かった。でも、彼はビビンチョ（ビビり）なんですわ。緊張してストライクが入らなくなるんです。特に、先発で事前にいろいろ用意させると緊張してしまう。だから、試合中に

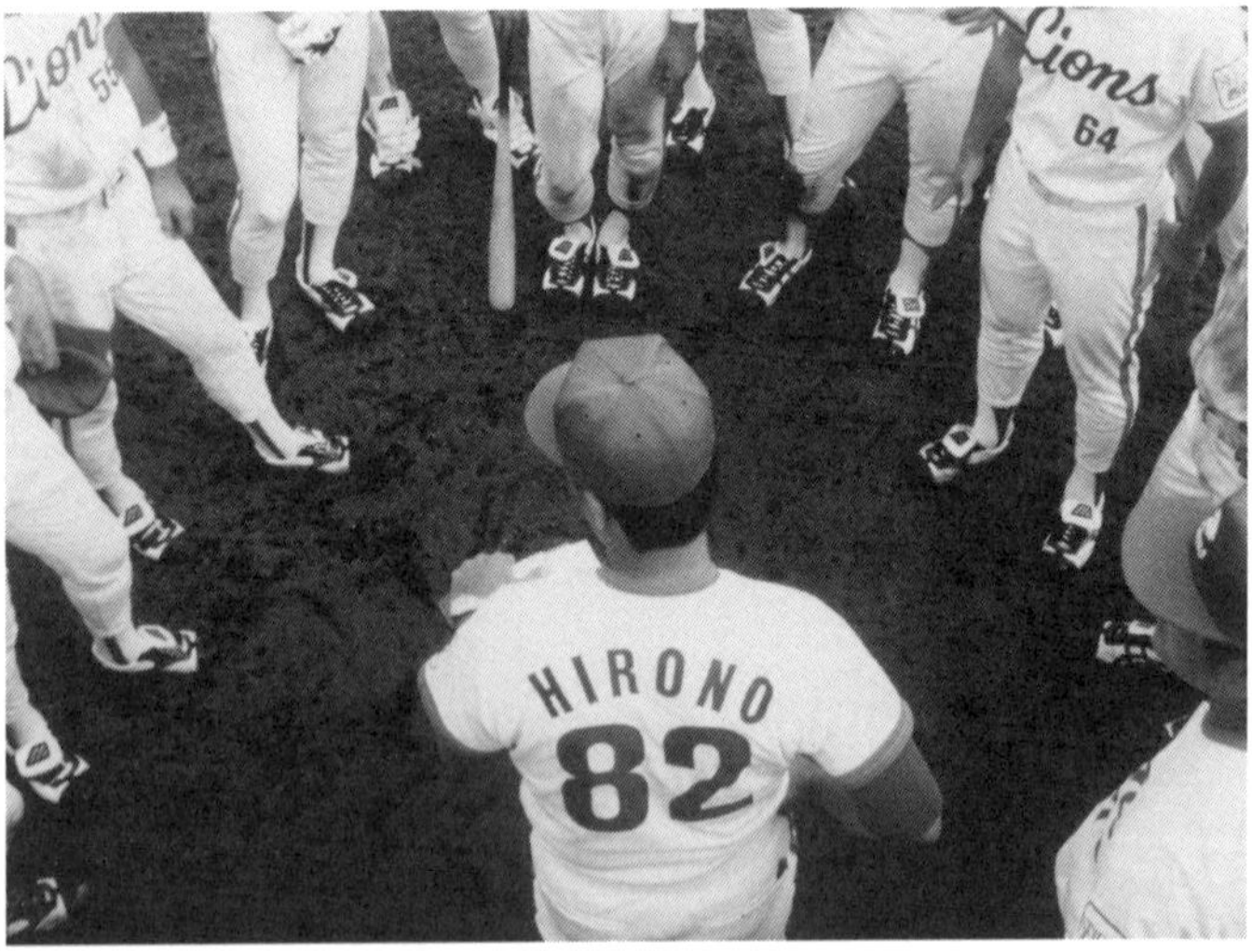

「二軍監督時代がいちばんやりがいがあった」とは広野の弁

ブルペンでバッと肩を作らせて、『1イニングだけ行ってこい！』とパーンと送り出すとちゃんと抑える。そういう選手に合った起用法がハマっていくのがおもしろかったですね」

ほかにも山田潤（朝日大学）という野手もいた。彼はスライダーが苦手で、かすりもしない。これではプロで使い物にならないと考えた広野は、「山田の打席で、お前が二塁ランナーにいたらサインを盗んで教えろ」とその他の選手に伝えたのだった。

「スライダーを克服させるには、試合中に打ってもらうしかないと思ったんです。そしたら、ものの見事に右中間にツーベースを打ったんですよ。そこから、サインなしでもスライダーが打てるようになったんですよ。一瞬の間《ま》を掴んだんでしょう。そういうコツを掴ませて、活躍させるのがまあおもしろかった」

イチローへの〝指導〟

一方、この二軍監督時代に広野が指導したのは、西武の選手だけにとどまらない。広野は間接的にのちのヒットメーカーの指導もしていたのである。その男とはイチロー（当時の登録名は鈴木一朗）。プロ2年目の選手で、まだ1軍に定着していなかった。

1993（平成5）年10月14日、この日オリックスは西武とのシーズン最終戦のため西武球場に来ていた。

二軍監督である広野は西武球場に隣接する西武第二球場で、ファームの選手らの練習を見守っていた。球場のフェンスに寄りかかり、選手をながめているとリュックサックを背負った見知らぬ中年男性が夕日を前面に浴びながら近づいてくるのがわかった。

なんか変なおっさんが来たな……。

男は広野にどんどん近づき、フェンス越しに「広野さん！」と声をかけてきた。

「はい。なんですか？」

「私、鈴木一朗の父です」

「鈴木一朗？　ああ、オリックスの。鈴木のお父さんがなんの用で？」

「オリックスの控え選手は、試合前にこの第二球場の横にある室内練習場でバッティング練習をしますよね。そこにうちの一朗も来ます。ぜひ、広野さんに息子を見てほしいんです」

「いやいや、なんで私が？」と話がまったく見えない広野。すると、そのわけをイチローの父、宣之は滔々と語ったのだった。

宣之は、東海高校（愛知）の野球部出身だが、そこに高木利武という同級生がいた。高木は高校卒業後に慶應大野球部に入部するのだが、彼は広野の1学年上の先輩である。広野が中日入りの際、高木は宣之に対して「こいつは長嶋さんと同じ記録を作ったやつだから、よく見とけよ」と伝えていた。熱狂的な中日ファンである宣之はキャンプから広野のことを追い、インタビューなどが載っている新聞や雑誌をすべて読んでいたというのだ。

「堀内からの逆転サヨナラ満塁ホームランは感動しました。息子ができたら広野さんのように、右投げ左打ちにさせたいと思っていたんです。だから、一朗を右投げ左打ちにさせたんですよ。それで、記事で読んだ広野さんのバッティング理論を全部一朗に教えました。だから、あなたに一度息子を見てもらいたいんです」

そこまで、言われたら敵の選手といえども広野は断ることができない。室内練習場でバッティング練習をするイチローをネット越しに宣之と見た。その年のイチローは打率1割8分8厘に終わっており、まだ才能が開花する前だった。しかし、軸がしっかりとしてシャープなスイングをするイチローに広野は驚いた。

「お父さん、息子さんはすごいですね」

「でも、レギュラーじゃないんですよ。一軍に出ても打てない。広野さん、なにが悪いんですか?」

5分ほどイチローを見た広野は、ある欠点に気がついた。打ちにいく際にバットが左肩のほうへ倒れるのだ。

「お父さん、あそこ。打ちにいく瞬間、バットが寝るでしょう。その一瞬でバットの出が遅れるんです。二軍では打てますが、一軍の投手の速くてキレのあるボールには差し込まれます。でもね、これは本人が無意識にやっていることでしょう。これを直そうとすると他の動作に制約がかかるため、かなりストレスになる。簡単には直りません。1年はかかるでしょう。ただ、これが一軍と二軍の壁になります」

「なるほど。わかりました。息子に伝えておきます。ありがとうございます」

イチローがバッティング練習を終えると同時に、父もまた去っていった。

天才の〝開眼〟

このようなエキサイティングな二軍監督生活は、1年で終了する。広野が二軍監督を務めていた1993年の暮れ、森が広野を自宅に呼び出して、こう言った。

「広野、一軍に戻ってこい。黒江（透修＝当時の打撃コーチ）と清原たちが合わん」

広野いわく、黒江は選手たちに自分の打撃を押し付ける指導方法であった。上から押さえつけるような指導に、プライドの高い高額年俸プレイヤーたちが素直に従うはずがない。

「いや、森さん、二軍の監督おもしろいんで、このままやらしてください」

「バカ野郎！　そら二軍監督はおもろい、俺だって二軍監督やりたいわ！」

「そうですよね……。わかりました」

広野は、再び一軍打撃コーチに就任し、結果としてリーグ5連覇に貢献したのだが、就任直後のオープン戦で、イチローの父と再会を果たしていた。

その日、オリックスとのオープン戦が雨で流れ、両軍が交代で室内練習をすることになった。広野は先に練習をしていたオリックスの仰木彬監督へ挨拶するために早めに現場へ向かった。仰木はこの年から監督に就任しており、広野は仰木と西鉄時代に懇意にしていた関係で祝いの挨拶をしようとしたのだ。仰木に挨拶を終えると練習場の中に宣之がいた。

「広野さん、お久しぶりです」

「お父さんなんでここに？　室内練習場ですよ？」

「いや、私はイチローにずっと付いているんです。ところで、息子が今から打つので見てもらえませんか」

広野に半年前の記憶が蘇る。イチローが練習場に入り、打撃投手のボールを打ち始めた。

広野はイチローのバッティングを見て、鳥肌が立った。広野が指摘したバットの「遊び」が完全に直っていたのだ。ボールに対して、バットが真っ直ぐ出て、一軍のピッチャーのボールでも容易に打てるようになっている。イチローのすさまじいバッティングに見入っている広野に対し、宣之が聞いた。

「広野さん、息子は一軍に出れますか？」

「……いや、出れるどころじゃない。この子は3割打ちますよ」

「またまた、冗談でしょう？」

マリナーズ時代のイチロー（左）と。ちなみにこのとき初めて直接言葉を交わした

「いや冗談じゃなしに、レギュラーは間違いない。お父さん、3割打つから楽しみにしててください」

広野の言う通り、イチローはこの1994年シーズンにレギュラーに定着し、当時のパ・リーグ新記録となる3割8分5厘を残して首位打者になった。

広野は、この後、東尾修監督時代に二軍打撃コーチを務めて、1996年に退団。こうして、西武の黄金時代をコーチや二軍監督として支えた広野の9年間が終わったのだった。

第5章
フロント

岳父・野見山博への電話

「西武を退団したあとは、千葉ロッテマリーンズのコーチに就任したんですわ。ロッテではコーチ業の他にも、フロントとしての仕事をさせてもらったんです。コーチではわからなかったプロ野球の構造がわかったり、ゴタゴタに巻き込まれたりしましたよ。でも、この経験が楽天の初代編成部長就任に繋がっていくんです」

西武時代、広野らコーチ陣の年俸は3000万円ほどだった。西武からの退団は、この3000万円がなくなることを意味する。「これからどうするの……?」と不安顔の妻に対し、「なんとかなるやろ」と答える広野だったが、さすがに焦りを感じ、みずから〝営業活動〟に動いたという。

ここで頼ったのが、広野の岳父・野見山博が持つ早稲田人脈である。野見山は早稲田大の野球部OBで、九州の稲門会(早稲田大の卒業生団体)を束ねる重鎮でもあった。そしてプロ球界を見渡せば、当時千葉ロッテマリーンズの監督には早稲田大野球部出身の近藤昭仁が就任していた。これはいけるかもしれないと広野は1996年の暮れ、野見山に恐る恐る電話をかけた。

「おう、それなら近藤の親友が九州の稲門会におるぞ。そいつは俺の子分みたいなやつだ。どうなるかわからんが、聞いといてやる」

するとたった1週間も経たないうちに、近藤が広野に電話をよこしたのだ。

「お前、二軍しか空いてないけど来てくれるか？」

かたや慶應の卒業生団体である三田会は、仕事の融通も含めた強固なネットワークで知られているが、「このときばかりは稲門会に負けたと思いましたわ」と広野は笑う。

こうして、千葉ロッテで職を得た広野は年明け1997年から二軍の浦和球場を訪れたのだった。広野の目に入ったのは、パンチ力と外野守備に定評があった大塚明。そしてのちに2000本安打を達成し、「幕張の安打製造機」とも呼ばれる福浦和也もファームにいた。次世代の千葉ロッテを担う素材たちが燻っていたのだ。

打撃コーチとして球団を渡り歩いてきた広野にとっては、絶好の腕の見せどころであった。

「バットを体の正面にして引く動作を行っていた福浦に対して、バットを頭の後ろに置かせ、ボールを見極める間《ま》を作らせたんです。そしたら、ハンドリングがうまくなって、どんどん打てるようになってってね。ピッチャーで入ってきた子だから、バッティングは一から教えました。2018年に2000本安打を達成した際のインタビューでは、『二軍時代、広野さんに救われた』と僕の名前も出してくれて、嬉しかったですよ。僕の名前を出してくれた選手は、福浦だけでしたから（笑）」

二軍から一軍打撃のコーチへ

広野が浦和で辣腕をふるっていた6月、突如近藤から一軍打撃コーチへの転換を求められた。それまで、一軍打撃コーチは高沢秀昭が務めていたが、チームの打撃不振をテコ入れするため、広野と急遽交代するという。

一軍コーチとなった広野は、それまでの落合博満や清原和博らを指導した経験を生かし、初芝清や平井光親など主力選手の指導にあたる。それと同時に、二軍で指導した大塚や福浦を一軍に昇格させるよう近藤に働きかけた。

だが、そんな広野の懸命の〝手当て〟の甲斐もなく、千葉ロッテの出血は止まらない。この1997年シーズンは最下位が定位置となり、チーム打率はリーグ最低の2割4分9厘、打点にいたっては5位のオリックスに100点以上の差をつけられる始末だった。

翌1998年も一軍打撃コーチとして指導した広野は、チーム打率を2割7分1

「幕張の安打製造機」福浦和也（左）と

厘とリーグトップにするも、千葉ロッテはプロ野球史上最長の18連敗を喫するなど、いいところナシで2年連続の最下位に沈む。

同年オフ、広野を招聘した近藤は成績不振のため監督を解任される。近藤の後釜に座ったのは山本功児だった。山本とはロッテオリオンズ時代をともにしていたこともあり、広野は1999年に一軍ヘッド兼打撃コーチ、2000年にも一軍打撃コーチに就任。しかし、この間もロッテはBクラスとふるわない。そして、広野は2000年の秋季練習中に突如コーチ職を解任されることになる。

練習中、石井良一代表補佐に呼ばれ

た広野は、球場の控え室に向かった。そこには、球団代表の後藤節夫もいた。石井は広野にこう告げたのだった。

「山本監督が、広野さんをコーチから外してくれと言っています」

この解任劇は、山本が広野を煙たがっていたことに端を発している。

「山本はものすごくキレやすいんですよ。だから、若手のコーチは怖がって意見を言えなかった。それじゃダメだと思い、コーチ陣で最年長だった僕が全部口を挟んで、若手のコーチに意見を言わせたんです。そしたら『俺が監督なのになんで広野が仕切るんだ』と山本は腹を立てたわけです」

主力バッターである初芝と広野コーチの〝異常〟な関係も、山本にとっては癇に障るものだった。

「初芝は感覚と動作がズレる選手なんです。自分の体がどう動いているかを、自分で正確に感じられない。だから、練習中は彼の一振りごとに『今のはOK』『今のは合ってない』とアドバイスを送っていたんですわ」

この指導で結果が出るにつれ、初芝も広野を信頼し、慕うようになる。試合中でも打席が終わるたびに広野のもとに駆け寄り、『今のどうでした?』と助言を仰ぐまでになっていく。対する広野も、「今のは顔がブレている。いいときはもっと前を向いていた」と落合にした〝鏡〟の指導さながらに声をかけていた。

山本はこのふたりの蜜月が気に入らなかった。

ただ、広野が編成に呼ばれた秋季練習の時期は、すでに来季の契約も済んでいた頃。このタイミングで解任することは難しい。

「まあ、解任したいというのはわかりました。でも、契約はどうするんですか？」

フロントの体たらく

「申し訳ないけど、肩書きだけ変えさせてください」

編成担当は頭を下げた。広野に与えられた新たな肩書きは「球団代表付部長」だった。新たな職場はグラウンドではなく、球団事務所内の球団代表横のデスク。といっても、これと言った仕事があるわけではない。何もしないのも悪いと思った広野は、パソコンを買ってきて、エクセルやワードの勉強を開始。ひとしきり使いこなせるようになってからは、チーム作りに向けた戦略をワードで作成し、球団代表へ提出するような〝業務〟で日を過ごしていた。

だが、野球の神様は、やはり広野を放っておかない。球団代表付部長になって間もない10月、広野に転機が訪れる。当時、ロッテ球団内部では、ひと騒動が巻き起こっていた。選手獲得用の資金のうち、５００万円の行方がわからなくなっていたのだ。

この問題で処分を受けたのが当時の編成部長とスカウト部長だった。

これを受け、球団代表は隣に座る広野にこう言った。

「広野さん、スカウト部長の仕事も含めて編成部長をやってもらえませんか」

こうして２００１年10月14日に広野は、突如ロッテの編成部長に就任するのである。

「処分された2人はいまだに僕がこの絵を描いたと思って、恨んでいるんじゃないですか。職を奪われる形になったわけですからね。でも、ほんとに僕は何もしてない。関係ないんです。球団代表の隣に、ただ座っていただけですから」

広野が編成部長に就任したのは、よりによってドラフト直前の編成が一番忙しい時期だ。ドラフト会議は1カ月後の11月19日に迫っている。それまでの勝手がわからない広野は、手探り状態でドラフト会議に向けて動いていくのだった。

体制の変化を受けて、すぐさまスカウト会議が開かれた。この時期の編成部長の交代劇に現場のスカウトたちは面食らっている。

「編成部長になった広野です。ドラフトの方針を教えてください」

スカウト陣は、それまでに決まっていたドラフト指名方針を広野に伝える。1位指名はPL学園高の今江敏晃だった。どんな選手かと今江を含めたドラフト候補のビデオを広野が見ていると、そこに大阪桐蔭高の中村剛也が映っていた。

「中村、すごいね。今年の高校生だったらナンバーワンだよ。うちは指名しないの？」

スカウトが答える。

「いや、前任のスカウト部長が、『バッティングはいいけど、守るところがないから』とリストから外してました。もう、西武が指名すると情報が入っています」

「いやいや、このバッティングは将来絶対チームのためになるぞ。まぁ、でも、西武が先に手をつけているなら仕方ないか」

続いて大学生のビデオを見ると喜多隆志が映っている。喜多は慶應大で2001年の秋季リーグ戦、首位打者を獲得。その際の打率5割3分5厘はいまだに破られていない大記録である。

「喜多は取らないの？　首位打者だよ？」

「彼も前任スカウト部長の方針でリストから外してましたけど、他球団が動いているという話は聞かないので、指名はできると思いますよ」

広野が可能性を感じた選手は、ことごとくリストから外れている。このスカウト体制の体たらくに広野はカチンときた。

「じゃあ、俺が話をつけて喜多を取ってきてやる」

喜多は広野にとっては慶應大の後輩だ。広野は、すぐに日吉の慶應大グラウンドに行き、当時の監督だった後藤寿彦に話をつけた。後藤は「ぜひお願いします。あいつ、プロに行きたがってるんですよ」と深々と礼をしたという。

「よし、喜多を1位で指名する。今江は他が指名しないようだから、2位でも大丈夫だろう」

しかし、広野の方針に、今江の担当スカウトは大反対した。

「もう今江の両親には1位で指名すると約束してあります。それを反故にしたら、私のメンツが立たない。勝手なことをされちゃ困ります。今後のスカウト活動にも影響がでますよ」

「なるほど。わかった。じゃあ、俺が今から今江の家に行って話をしてくるよ。とりあえず、その前に今江さんとこに電話するわ」

すると電話口で今江の父は、「そういう事情ならわかりました。こちらに来ていただかなくても、指名してくれるならいいんです」と答えたという。

これが広野の編成部長としての最初の大仕事だった。

西岡剛の獲得

広野の編成部長としての期間は2001年10月～2003年12月までと短いが、その間、ロッテにとって大きな貢献をしたと見ていいだろう。2002年に西岡剛の獲得に尽力したのも、そのひとつである。

2002年の5月、広野のもとに電話が入る。相手は大阪を担当していた松本尚樹スカウトだ。松本は、1995年のドラフト5位で住友金属から千葉ロッテに入団したガッツ溢れる内野手だったが、広野が「現役は先が見えている。スカウトになれば60歳まで安泰だから」と説得し、31歳となった2001年に任意引退させた。広野にとっては「期待の新人スカウト」であった。松本は、興奮気味に電話でこう話した。

「広野さん、いいやつがいますよ！　大阪桐蔭のセカンドの西岡です！　ぜひ、一度見に来てください！」

翌日、広野が大阪桐蔭高グラウンドに着くと、西岡はシートノックを受けていた。しかし、本職であるセカンドではなく、ショートを守っている。

「松本、西岡はセカンドじゃないのか?」

「いや、あいつはショートも守れるってアピールしたいんですよ。ショートなら肩の強さも見せられますしね。僕らスカウトが来てるってわかってやってるんです。そういうやつなんです」

西岡はスローイングもよく、バットの振りもシャープ。打撃練習では、大阪桐蔭グラウンドのフェンスの向こうの土手にボンボンホームランを放り込んでいた。低迷していた千葉ロッテの希望となるような逸材に、広野は惚れ込んだ。そして、松本に言った。

「お前、毎日ここに来い。他のところは行かなくていいから、大阪桐蔭のグラウンドだけに行っとけ」

広野の指令を忠実に守り、松本は足繁く大阪桐蔭に通った。これが功を奏す。

「選手の親はグラウンドに我が子を見に来ます。毎日通っているスカウトは、当然親にとって気になるもの。それで、次第に西岡のお母さんが松本にお茶を出してくれるようになり、名前を覚えてもらい、懇意になったわけです。我々は選手との接触はできませんが、親と顔見知りになることはスカウト活動において重要です」

広野はこの時点で、西岡を1位指名することを決めていた。しかし、松本によれば横浜やオリックスも指名する可能性があるという。競合は困る。なんとか、うちだけに絞れないか。そう思っていた矢先、松本が広野を大阪に呼んだ。広野に森本達幸と会ってほしいというのだ。

森本は1934年生まれ。奈良県立郡山高校から関西大に進み、社会人の京都大丸を経て1963年から母校郡山の監督に招聘された。以降、2009年まで47年間郡山を指揮し、春夏合わせて甲子園に11度出場した名将である。

それと同時に関西の野球界に影響力を持つ重鎮として知られ、高校野球の監督、中学の指導者、そしてプロ野球のスカウトとも交流があった。森本は郡山高校のほか、大阪桐蔭へも密かに指導に行っており、いわば「大阪桐蔭の陰のコーチ」（広野）でもあったという。当時、関西で活動するプロ野球のスカウトにとっては避けて通れない人物だった。

森本は中学時代の西岡も指導し、大阪桐蔭への入学をすすめたひとり。西岡の獲得のためには、この関西のドンに話を通す必要があった。

6月、大阪桐蔭とPL学園の練習試合に向かった広野は、スタンドで森本に挨拶をした。

「森本先生、初めまして編成部長の広野です。いつも松本がお世話になっているようで」

「広野君、よく来た。西岡を見に来た？　いい選手だろう。じゃあ、横に座って一緒に見よう」

しかし、広野らの期待とは裏腹に西岡にヒットが出ない。森本は打てなかった理由を尋ねた。

「広野君、なんで西岡、打てないの？」

「先生、西岡はものすごく体が開いてるでしょう。我々、スカウトが来てるってわかって、右に引っ張っていいとこ見せようとしているんです。徹底して左中間に打たす練習したほうがいいです。そしたら、すぐ直りますよ」

「そうか！　わかった！」

こう言うと森本は、試合を終えた西岡に駆け寄り、アドバイスを伝えたのだった。

さらに、翌日、森本は自身が監督を務める郡山高校に広野を招き、練習を見せた。ここでの光景が広野は忘れられないという。

「僕がグラウンドに一歩踏み入れた瞬間、部員全員が練習をやめて一斉に『こんにちは！』と挨拶するんです。すごい教育だと思いましたね」

選手たちの練習を見た後、高校の近くにある森本の自宅で広野と森本は話し込んだ。

「西岡、何位でいくつもり？」

「もちろん1位ですよ。でも、先生、他の球団も競合しそうなんです」

「そうらしいな。ロッテは必ず1位でいくの？」

「必ず1位で指名します」

「そうか。わかった」

この後、広野が再び森本に会いに行った際、森本はこう言った。

「広野君、西岡は大丈夫だ。安心しろ」

この言葉の意味は、「他球団には話をつけたから、ロッテは安心しろ」ということだ。

「ドラフトの順位はその選手への一番の評価です。西岡を1位と確約したうちの心意気を森本先生は買ったのでしょう。森本先生に『降りろ』と言われれば、他球団のスカウトは頷くしかないんですわ」

さらに、森本は広野に対してこう続けた。

「広野君、西岡の両親に会いたいでしょう。僕がふたりと食事しているところに呼ぶから、そこにおいでよ」

こうして、ドラフト会議の1カ月前に広野は奈良に向かい、森本と西岡の両親と会ったのだ。場所は、森本が指定したうどん屋だった。ここで、広野は両親と森本へ2つの宣言をする。

「私は西岡は日本だけで終わる選手ではないと思っています。アメリカで彼を内野手として成功させる。そこまで考えて彼を取ります。それと、私はもう60歳近いから、いつ編成を辞めるかわかりません。でもスカウトの松本はまだまだおります。20年はいますから、安心してうちに入れてください」

これで、完全にロッテの単独1位指名が決した。西岡は、千葉ロッテに入団するとゴールデングラブ賞、ベストナイン、首位打者、最多安打などのタイトルを獲得し、千葉ロッテのAクラス入りと日本一に大きく貢献。そして、広野が言う通り2011年からはアメリカに渡るなど球界を代表する選手へと成長したのだった。

ボビー・バレンタインの逆鱗に触れた男

広野の最後の大仕事はボビー・バレンタインの招聘である。千葉ロッテが4位で終わった2003（平成15）年オフ。解任された山本功児監督の後継として、千葉ロッテのオーナー代行だった重光昭夫が指名したのがバレンタインだった。バレンタインは1995年にも千葉ロッテを率いて2位に導いた。この実績に、オーナーはロッテ再建を懸けたのだろう。

このとき、ホセ・フェルナンデスの視察のため、すでにアメリカ行きが決まっていた広野は彼の視察と同時にバレンタインにもオファーをかけたのである。当時、メッツの監督を解任され、解説者をしていたバレンタインは日本からのオファーをたいそう喜んだ。そして、すぐに応諾すると秋季練習からチームに合流したのである。

しかし、このバレンタイン招聘が、広野にとって不運の始まりだった。バレンタインは来日してすぐに、新庄剛志の獲得を広野ら編成に要請する。当時、新庄はニューヨーク・メッツ傘下のマイナーをノンテンダーFAとなり、移籍先のオファーを待っていた。バレンタインはメッツの監督時代に新庄とプレーしていたことから、彼の獲得を迫ったという。

バレンタインの要請で広野は新庄獲得に動き出す。まず、広野は新庄が残すであろう成績を計算した。

「打率は2割7分、ホームランは15本、盗塁15くらいはできるだろうと。チームを引っ張るほどの力はもうないけど、守りはいいから、獲得してもいいかなと思ってたんですわ」

ただ、新庄の身辺調査を進めると、球団にとって好ましくない人脈が出てきた。獲得するにはリスクがあると感じた広野は、川北智一球団代表に報告し、オーナー代行の重光の決裁を待った。

「そんなことならやめろ。うちにそん

2002年春、メッツの監督時代のバレンタインと広野。この頃はまだ関係が良好だった

な選手は必要ない」

　この重光の返答を川北代表から受け取った広野は、「バレンタインは承知しているのですね？」と念押しした。「高石（昂司《こうじ》＝バレンタインの通訳）に話をしているから大丈夫だ」という代表の言葉を経て、広野は新庄サイドへ連絡を入れ、千葉ロッテが撤退することを伝達したのである。新庄サイドは「わかりました。それでは北海道日本ハム移籍という発表を明日出します」と受けたのだった。

　翌朝、千葉ロッテが新庄へのオファーを撤回した旨の報道が出ている中、いつも通り出勤の準備を整えていた広野。そこに川北代表から電話が来る。川北は大慌てだ。

「バレンタインが激怒しているから、浦和の球団事務所に来てくれ！」

　聞けば、バレンタインは新庄獲得レースからの撤退を報道で知り、怒り心頭なのだという。広野が浦和に着くと、事務所内ではバレンタインが英語で周囲に捲し立てていた。

「お前が勝手に断ったんだろ！　ヒロノ！」

　広野を糾弾するバレンタイン。

「いやいや、オーナーの判断ですよ。代表から高石通訳に話して、監督の了承もとったと聞いていますが。だよな、高石？」

広野は通訳を見る。しかし、彼は一向に訳そうとせず、なぜか口籠もっている。ようやく口を開いたかと思うと、通訳は気まずそうにバレンタインに言った。

「I'm sorry……」

広野は愕然とした。

「通訳がバレンタインの了承をとっていなかったんですわ。なぜそれが起きたのかわかりません。そこから、これはオーナーの判断だという経緯をすべて話しましたが、後の祭りでした」

バレンタインの怒りはこの日、おさまることはなかった。こうして波乱の秋季練習が終わり、納会を「龍宮城スパホテル三日月」で行った翌日、広野は球団事務所に呼び出された。

「バレンタインがまたトレードとか言い出したんですか？」

広野が川北代表に聞いたが、様子がおかしい。伏し目がちの川北はこう告げた。

「バレンタインがお前をクビにしてくれと言っている。やはり、新庄の一件がどうしても気に食わないらしい。何度説明してもダメだった」

「いやいや、バレンタインは僕が連れてきたんですよ。その男にクビにされるって……」

「こればっかりはどうにもできない」

「……仕方ないですね。だったら、私の解任は契約切れということで発表してください」

「すまん。わかった」

しかし、事態をかぎつけた一部メディアは広野がバレンタインの逆鱗に触れたとおもしろおかしく書き立てた。

「代表、記事なんとかならないですか。事実と違うじゃないですか」

広野は呆れながら、川北に声をかける。しかし、自身もバレンタインの激昂に疲弊している川北は、広野にこう言った。

「野球界は、いろいろある。お前もわかるだろう？　こんな噂も49日もすれば消えるから、我慢してくれ……」

　こうして、広野は2003年12月にロッテを急遽退団に追い込まれた。このとき広野は60歳を迎えていたが、まだまだ波乱が待ち受けていることは知る由もない。広野は、ここから球史に残る出来事に関わっていくのだ。

第6章
球界再編の渦

慶應大コーチから楽天へ

「楽天では編成部長として、50年ぶりの新球団設立に立ち会えました。近年の野球界での歴史的な場所におれたのはよかったですが、楽天を経て、僕はもうプロ野球は懲りたんですわ」

バレンタインとの確執によって、ロッテの編成部長を解任された広野を待ち構えていたのは、慶應大野球部監督（当時）の鬼嶋一司だった。楽天の編成部長となる前に、広野は1年間母校の慶應大野球部コーチを務めることになる。

ロッテ解任の報を聞きつけた鬼嶋は、喜び勇んで広野に電話をよこしたという。

「広野さん、ロッテをクビになったらしいですねぇ」

「そうだけど、お前、なにを喜んでるんだ」

「いや、これで慶應大の指導に来てもらえますから。うちにぜひ来てもらえませんか」

「そんなことか。家からも近いし、俺の打撃理論でいいなら、行ってやるぞ」

鬼嶋は広野のプロ野球でのコーチとしての手腕を知っており、優勝に向けて広野の指導が必要だと考えたのだ。こうして広野は翌2004年の春から慶應大の指導にあたることになる。すると2004年春のリーグ戦で慶應大は2位に浮上。春、秋ともに前年の2003年が3位、前々年の2002年は5位であるから着実に優勝に近づいていた。そして、今度こそ優勝をと意気込んだ秋のリーグ戦が開幕する。

東大に2連勝し、勝ち点を挙げた慶應大は10月26日からの立教大との対戦に臨んだ。広野もコーチとして神宮球場にかけつけ、スタンドで選手たちのプレーを注視していた。試合も中盤に差し掛かったころ、広野の携帯電話が鳴る。

この電話によって、広野の運命が再び動き出す。

マーティ・キーナートからの電話

「もしもし、ヒロノさーん。マーティでーす。今から六本木ヒルズに来れますか？」

電話の相手は、過去に太平洋クラブライオンズのフロントを務め、スポーツライターや評論家として日米のスポーツビジネスに精通しているマーティ・キーナートだった。

「マーティさんが僕になんの用ですの？」

「広野さんを楽天の編成部長にと考えているんですよ。詳しい話は、六本木でするので来てくださーい」

マーティは終始軽い口調で、広野を楽天の本社（当時）である六本木ヒルズ森タワーへ呼び寄せた。

2004（平成16）年6月から球界はプロ野球再編問題に揺れていた。広野が電話を受けたのは、オリックス・ブルーウェーブと大阪近鉄バファローズが合併し、新規球団参入として楽天とライブドアが名乗りを上げていた時期だ。かねてより、近鉄買収の意思を示していたライブドアに対し、楽天は9月に参入意思を表明。このときはまだ楽天とライブドアどちらが参入するか決定してはいない。

試合後、広野は六本木に向かった。六本木ヒルズのエレベーターで上がっている間、広野は自分がかすかに高揚していることに気づく。新球団の立ち上げに関われることなど一生に一度あるかないかである。球界OBとして、これほどやりがいに満ちた大仕事はない。

21階の会議室には、マーティと楽天の創業者であり社長の三木谷浩史、そしてのちに球団代表となる米田純がいた。米田は三木谷と出会い、西武百貨店を退社して楽天に入社。「楽天ポイント倶楽部」などの営業プログラムを構築した、いわば三木谷の右腕である。このとき米田は、プロ野球準備室も兼任していた。

1997（平成9）年創業の楽天は当時急成長期を迎えており、2003年に180億円だった年商は、2004年に455億円、2005年には1297億円へと大膨張。国内有数のイケイケ企業を率いる三木谷も米田も、ビジネスの才気にあふれたギラついた目をしていた。そんな野球界とは異なる空気が漂う会議室で、米田は広野に対してこう依頼したのだった。

「正式に参入が決まるのは11月2日のプロ野球オーナー会議を経てですが、99パーセントうちで決まりです。なので、球界の表も裏も知っている広野さんに編成部長をお願いしたい。ついては、分配ドラフトと通常のドラフト会議にも参加して、仕切ってくれないですか」

新球団ゆえに、楽天はスカウト活動などいっさいしていない。当の広野も、1年間慶應大を見ていただけ。つまり球団も編成部長も、ドラフト会議の対象になるアマチュア選手を把握していないという状態である。しかも11月17日のドラフト会議まで、残された時間は3週間だ。

あまりの無理難題に、広野は天を見上げるしかなかった。そして、ようやく言葉が出た。

「あんたら、おかしいんじゃないの?」

米田は、三木谷をちらりと見た後に、そんなことは百も承知といったふうに口を開いた。

「広野さんには情報と球界に効く顔がある。そのために呼んだんだから、なんとかしてください」

しかし、こういった窮地に燃えるのが広野という男である。現役時代は3本の逆転満塁弾を放ち、幾度となく逆境を跳ね返してきた粘り強さには自信がある。

「わかりました。なんとかやってみましょう」

前年まで務めたロッテの編成部長も、ドラフト直前の就任だった。その経験やなじみのスカウトを頼ればなんとかなるかもしれない。広野はそう考え、編成部長を引き受けた。

就任当初、広野は米田から「勝てるチームをどうやって作るか、長期的な展望を提出してください。パワーポイントで」と言われる。

「ちょっと待てと。こっちはスカウトの業務報告でワードとエクセルなら動かせるけど、パワーポイントなんて野球の現場で使ったことがない。結局、球団職員に手伝ってもらい、甲子園で活躍するような投手が入団すれば、10年後には優勝するという展望を書きました」

このような無茶ぶりから、広野の楽天球団創生の大仕事が始まったのだ。

分配ドラフトと年俸22億円の壁

まずは、分配ドラフトが目前に迫っていた。分配ドラフトとは、オリックスと近鉄の選手を新球団であるオリックス・バファローズと楽天で振り分けるもので、オーナー会議で楽天の参入が認められた6日後の11月8日に行われた。その結果、40選手の楽天入団が決まったが、広野たちフロントは彼らの背番号や年俸をすべて決める任を負わされる。

分配ドラフトは広野、米田、そして監督の田尾安志が参加。大阪市内でオリックス側と選手を分け合った。しかし、問題はこれからである。8日の分配ドラフトの3日後、11日には仙台市内で結団式が待っていた。13日からは秋季キャンプも予定されている。広野、マーティ、米田は結団式までの3日間で分配ドラフト選手の契約を終わらせなければならなかった。

このとき、選手の年俸については非常に厳しい制約を広野は三木谷に課せられていた。

「これはボランティアではなく事業だ。金儲けのために球団を持つんだ。ここまでしないから、赤字を出して球団が潰れるんだ」

三木谷は球団再編の原因となったプロ野球チームの慢性的な赤字体質を避けるべく、球団経営の黒字化を絶対目標としており、コストについて現場に非常に厳しい注文をしていたのである。

この三木谷の姿勢は楽天の新球団設立を記録した『NHKスペシャル』(2005年2月19日放送)でも見ることができる。

本拠地の宮城球場(当時)を改修する際に、「大きな体のお客様もいらっしゃるので、一部の座席について、幅を5センチ広くしては?」と提案したホスピタリティあふれる社員を、三木谷はきつい形相で詰めている。

三木谷の指摘は、幅を広げた分だけ座席数が減り、売り上げも落ちるということだった。「却下」とバッサリ即決する姿は、まさに絶対権力者のそれである。

そんな三木谷は、選手集めを任せた広野とマーティに対し、初年度の年俸総額を「22億円に収めよ」と指令を出した。この数字は、当時の巨人の年俸と比べると半分以下であり、広野ら編成にとってはなはだ心許ない金額である。

「40人の給料を、減額を前提として決めていくのは大変ですよ。しかし、あまりに大幅に減らすと、住民税や所得税などが払えなくなったり生活に困る選手も出てきますから、年俸以外のインセンティブをつける必要がありました。試合数、打席数、打率、打点などの項目で、その選手がクリアできるようなボーダーと金額をすべて計算しました」

タイトなスケジュールゆえに、インセンティブの導入は米田やマーティの決裁で行われた。インセンティブは年俸とは別であるため、懸案の22億円には引っかからないという判断だったのだろう。

前出『NHKスペシャル』でも、分配ドラフトの選手契約の際に、減額分を取り戻せるようなインセンティブ項目を提示する広野の姿がある。同放送では、オリックス時代から1000万円の減額となった金田政彦が、インセンティブの存在を知り、安堵の表情を浮かべている。

「背番号でも、近鉄とオリックスではダブる選手もいますし、それぞれこだわりがありましたから、その調整作業もしましたよ。選手の背番号へのこだわりなどは、マーティにも米田にもわからない。僕しかできないわけです」

たとえば、自由契約になっていた山﨑武司（元中日、オリックス、楽天）を獲得した際は、希望していた背番号7をうっかり先に若手につけさせてしまったことがあった。

「広野さん、あんなヒヨッコに7番つけさすんですか？」

山﨑の気持ちを汲んだ広野は「あいつがつけたいと言っているから、その背番号譲ってくれないか」と選手に電話したこともあったという。

「ちなみに、山﨑は指名打者として2005年には25本塁打を打ってくれました。これは、大層なインセンティブがつくぞ！　山﨑、よかったな！　なんて思ったのですが、契約書を見ると、スッポリと本塁打のインセンティブ項目が抜けてるんです……。彼も契約書を細かく見ていなかったこともありますが、山﨑には悪いことをしました」

統一書式を作る際、打率や打点などの項目は網羅していたが、本塁打の項目を作るのを忘れていたのである。長距離砲の山﨑との契約ならば、本塁打の項目を追加するのが当然だが、広野も山﨑も気づかなかったというわけだ。分配ドラフト後の広野には、それほど膨大な仕事がのしかかっていた。

一場靖弘への接触

そして分配ドラフトの9日後には、懸案のドラフト会議が待っていた。米田から「なんとかしてください」と泣きつかれた広野は、ドラフトを成功させるべく10月末から持てる人脈を駆使していた。

まず頭に浮かんだのは、自身が編成を務めていた千葉ロッテのスカウト・飯塚佳寛だ。すぐに飯塚の携帯を鳴らし、ことの経緯を話して交渉した。

「ロッテはもう指名選手は決まってるだろ？」

「決まってます」

「だったら、球団と機密保持の問題が起きないように、お前が個人的に持っているドラフト候補の資料をくれないか」

次に連絡したのは広野の古巣であり、コーチも務めた中日の二宮進スカウトだ。飯塚と同様に話を進めると二宮も資料の提供を了承。ふたりがその年で所属チームを離れることを知っていた広野は、交換条件として来季は楽天で雇うことを約束したのである。

「膨大な資料を読んで、ものになりそうな選手を探しました。ただ、すでに11球団が指名選手を固めていましたから、当然大した選手は残っていない。資料だけを見ると、ドラフト会議に参加したって意味がないんですよ。しかし、他球団が指名したくてもできない即戦力ピッチャーが、その年のドラフトにはいたんですわ」

それが一場靖弘だ。一場は、明治大学のエースとして当時の東京六大学野球の最速記録である154キロを計測。チームをリーグ完全優勝に導き、全日本大学野球選手権大会では完全試合を記録した六大学屈指の右腕だった。しかし、自由枠での一場獲得を目指していた複数の球団による金銭の受け渡しが判明する。一連の金銭授受問題は、「一場事件」とも呼ばれ、巨人の渡邉恒雄オーナーをはじめ、阪神、横浜のオーナーが次々と辞任する大騒動になった。このような事件の影響で、各球団は一場から一斉に手を引いていた。

編成部長の広野は、初年度のチームの目標勝利数を60勝と設定していた。分配ドラフトで獲得した投手は17人だが、広野は彼ら全員で15勝と見積もった。ベテランが多く、ケガのリスクも考えてのことだ。この予測から、ドラフトでは即戦力投手の獲得が急務なことは明らかだった。そして、一場ならば10勝は挙げると広野はソロバンを弾いた。

広野は早速、六本木に向かい、一場獲得について三木谷オーナーに意思を伝える。

「うちは新球団で、問題になっているスカウト活動になんら抵触しません。うちが取ってもなんのクレームもつかないし、ファンも世間も許してくれます。楽天には彼を指名する権利と義務がある。行き場のない彼を救えるのはうちだけですよ、オーナー」

「そうか。わかった。しかし、カネはいくらかかるんだ?」

「ドラ1なんで、契約金は1億円、年俸は1000万円以上、プラスしてインセンティブが要ります」

「そんなにかかるのか?　まあ、それだけの選手ということか。わかった」

ちなみに三木谷は、この年のドラフトの目玉であるダルビッシュ有（東北高）に関心を寄せていたが、「日ハムとすでに話がまとまっているらしい」「それを崩すには5億円かかる」と広野から聞かされ、諦めたという。

11月2日のオーナー会議で楽天の新規参入が正式決定すると、広野はその10分後には府中にある明治大野球部寮にいた。一場へ獲得の意思と誠意を伝えるためだ。

このとき、明治大監督（当時）の川口啓太と元監督で寮長（当時）だった別府隆彦が対応し、喜色満面の笑みで「ありがとうございます！　ぜひよろしくお願いします」と広野に感謝の意を伝えたという。そして、翌週11月9日には、一場本人が正式に楽天への入団の意思を示したのだった。

ドタバタのドラフト会議

こうした広野の大車輪の働きをもってしても、ドラフト会議までの準備期間はあまりに短かった。なにしろ、指名したい選手がプロ志望届を出しているのかすらわかっていないことも多々あり、当日の楽天のテーブルは大忙しだったという。

仮契約を終えて勢揃いする楽天のマーティ・キーナートGM（左）、一場靖弘投手（左から3番目）、田尾安志監督（中央）、編成部長の広野ら（右）写真＝時事

「お宅のこの選手はプロ志望届を出しているのか、という確認をその場で所属チームに電話しながらドラフトを進めたんです。たとえば、平石洋介（現・埼玉西武コーチ、元・楽天監督）は田尾安志監督（当時）の同志社大学の後輩でもあり、本人が楽天に行きたいという希望を持っていた。彼が所属していたトヨタ自動車は『いや、彼は幹部候補生だからちょっと……』と難色を示しましたが、『そこをなんとか。本人の意思ですよ』と説得してドラフト7位で指名したという経緯もあります」

ドタバタとなったドラフトでは一場の他に、NTT東日本のサウスポーで、2004年の社会人野球日本選手権大会で優秀選手賞を受賞した渡邉恒樹を2巡目で獲得。即戦力投手を2人ドラフトで獲り、他にマーティが獲得してきた外国人投手3人が投手陣に追加された。しかし、この時点で広野が目標としていた60勝までは9勝足りなかった。

そこに舞い込んだのが、岩隈久志の入団である。岩隈は分配ドラフトの結果、オリックスに入団していたが、本人の強い希望で楽天へ金銭トレードとなったのだ。岩隈は2004年シーズンには、15勝2敗で最多勝と最優秀投手のタイトルを獲得しており、楽天にとってはノドから手が出るほど欲しい好投手である。これで、広野の目標である勝ち星を越えるメドがついた。編成部長としての最初の大仕事が終わった瞬間である。

「岩隈が来てくれると知ったときは、万々歳でしたよ。入団の知らせはドラフト選手の契約時に入りましてね。マーティと米田と手を上げて喜びました。岩隈の奥さんのお父さんである広橋公寿が楽天のコーチだったことも無関係ではないでしょうが、幸運でしたね」

急転直下のGM就任

久米島での春季キャンプも終わり、いよいよ2005年シーズンが3月27日に始まる。広野は「正直、半一軍のチームですから、なんとか無事にペナントを終えてくれと思っていましたよ」と振り返る。

開幕投手を務めたのはもちろんエースの岩隈久志だ。広野は、三木谷やマーティらとともに千葉マリンスタジアムの関係者席で祈るように試合を見つめていた。

楽天は3回表、川口憲史のタイムリーツーベースで球団初打点を挙げると続く山崎もヒットを放ち2点を先制。9回表にも酒井忠晴のタイムリーでダメ押しの1点

開幕戦を前に選手を激励する三木谷浩史オーナー（右端。右から６人目奥が広野）写真＝時事

を追加。投げては岩隈が1失点完投し、なんと楽天は初陣で千葉ロッテに3対1で勝利した。

当時、年間100敗もありうると言われた楽天は、そんな下馬評を覆すかのように、華々しいスタートを切ったのだ。三木谷は優勝したかのように跳びはねて拍手し、何度も「よし！」と言いながら、喜びを爆発させていた。

「オーナー、まだ1試合目ですから。これからが試練の道ですよ。理解してくださいね」

広野が三木谷を諌めたのも無理はない。シーズン60勝の見積りを立てたとはいえ、勝てる確証がある投手は、岩隈しかいなかった。事実、広野が三木谷に言った言葉は、翌日から現実となった。次戦、千葉ロッテ先発の渡辺俊介の前に楽天は1安打に抑えられ、投手陣も崩壊。0対26という球史に残る大敗を喫したのだ。

その後もボロボロと負け続ける楽天は、4月には11連敗を記録。この月の負け越しが二桁目前に迫る4月23日の千葉ロッテ戦は三木谷と広野、そしてGM（ゼネラルマネジャー）のマーティがともに本拠地・フルキャストスタジアム宮城で観戦していた。しかし、この日も楽天は無惨にも4対12で敗北。

ここで大事件が発生する。負けが決まった瞬間に放ったマーティの軽々しい一言が、イライラのぶつけ先を探していた三木谷の逆鱗に触れた。

「オーナー、大丈夫です。明日は逆の点差で絶対勝ちますよ！」

陽気なアメリカンといったふうに、英語で調子のいいことを話すマーティに、広野は心の中でツッコミを入れる。

おい、マーティ、余計なことを言うな……。

広野が思った刹那、三木谷が鬼の形相でマーティに詰め寄り、こう言い放った。

「You are fired!（お前はクビだ！）」

怒り狂った三木谷は、すぐさま球場を後にし、残された広野とマーティは呆然とするしかなかった。

　三木谷の激昂癖はこのときに始まったことではない。試合に負けると球団代表である米田に、三木谷から怒りの電話が入るのは日常茶飯事だった。

　いきなりクビを宣告されたマーティは肩を落とし、うなだれている。

「マーティ、オーナーはいつものことだから気にするなよ。感情的に言っただけだから、明日には忘れてるさ」

　広野は苦楽をともにしてきた戦友のマーティを励ましたが、背後では米田や島田亨球団社長（当時）が慌てふためいていた。

「米田、どうしたんだ？」

「オーナーの言ったことは本気らしいです。明日、マーティをクビにするという記者会見をしろと言っています！」

　事態の急変に、米田も泣きそうになっている。

「いやいや、オーナーは感情的に言っただけだから。それをなだめるのがお前らの仕事だろう？」

「それは、無理ですよ。我々がクビになります」

　三木谷の言うことには絶対服従、もはや楽天の天皇であった。続けて米田は広野にこう伝えた。

「広野さんお願いします。マーティが更迭されたので、GM代行を兼任してください」

「まあ、それはいいけど……」

急転直下、わけもわからないうちに広野は編成部長とGM代行を兼任することになったが、隣では涙を流しているマーティが見える。まずは、マーティのケアが必要だった。

「マーティ、大丈夫だ。お前ならなんぼでも仕事があるから」

広野はマーティの肩を支え、そのまま仙台市内にある彼の自宅まで送った。家にはマーティの妻と3歳ほどの娘が、パパの帰りを待っていた。ことの経緯を伝えると妻はショックのあまり顔が青ざめている。マーティはまだ泣いていた。

「おい、マーティ。お前は若い頃に慶應大に留学していたから、俺を先輩と呼ぶだろう。でも、早稲田の出身者に対してもお前は平気で先輩と呼んでいるじゃないか。その根性があれば、どこに行っても大丈夫だ。それとお前のわけのわからん日本語と頭の良さがあれば、どこでも生きていける。ところでお前、楽天とは何年契約なんだ？」

「3年……」

「お前、3年なのか？　俺なんて1年だぞ。じゃあ、3年ぶんのカネはもらえるから心配するな。なにかしらの役職もつけてもらえるだろう」

実際、GMを外されたマーティは球団アドバイザーという役職になり、契約は続いた。マーティと涙酒を交わした広野はドッと疲労感を感じながら、マーティの自宅を後にし、単身赴任先のホテル・メルパルク仙台に戻ったのだった。

こうした三木谷の激昂癖、球団内のゴタゴタなどに、広野の体は限界に近づいていた。そして、体の悲鳴がもろにあらわれる。

ストレス過多で入院

7月6日、ビジターのカード2連敗で迎えたソフトバンク戦は広野もGM代行兼編成部長として現地入りし、試合を視察。しかし、この日も楽天は3対14と敗戦、3タテを食らった。試合後、米田が広野に近づいてきてこう言った。

「広野さん、今日またオーナーに報告しなければいけないけど、絶対に怒っています。私に代わって説明してもらえませんか」

広野が球場を出て、米田のホテルの部屋に行くとすでに電話口では、三木谷が激昂し、米田は平謝りを続けていた。とにかく負けず嫌いな性格の三木谷は「お前どうなってるんだ！　このまま負け続けたら、お前がクビだぞ！」などの言葉を米田に浴びせかけていた。

怒るオーナーを米田に代わって広野がなだめる。

「今の戦力では今年はそんなに勝てません。オーナーからもらった補強費は22億円でしたが、他球団は40億円近くあります。しかも、我々は19億5000万円におさめました。負けても赤字になることはないんですよ。20億円で作ったチームが40億円のチームに簡単に勝てたらおかしいじゃないですか。チームが育つまで、あと3年は我慢してほしい。10年後には優勝できますから」

なんとか三木谷の怒りをおさめた広野だったが、その夜から体に異変が起きた。

「吐き気と頭痛でなにもできなくなりました。その日は福岡のホテルに泊まりましたが、翌日も一向に症状が治らないので、仙台の病院に飛び込んで検査しました。しかし、どこにも異常はないんですわ。診断としてはストレス過多ということでした。1日入院して点滴を打ってなんとか回復しましたが、やはり当時の環境は相当なストレスだったんですね」

復帰して2日ほど経った頃、広野のストレスの大部分を占めているであろう、当の三木谷は「広野さん、なんか入院してたらしいですねぇ」などとあっけらかんとしていた。広野に、さらなる心労がかかったのは言うまでもない。

この状況を危惧した広野の妻は「もう、やめなさい。命を落としたらどうするの。楽天に命を売ったわけじゃないでしょう。しかも1年契約でそんな苦労してどうするの」と東京から電話をかけてきた。

「お前の言うこともわかる。でも、見届けなきゃいかんのや」

はたから見れば、いつ辞めてもおかしくない状況であったが、広野は野球人として新球団の土台作りに使命感を持っていた。辞めるわけにはいかないと決意を新たにした広野は、シーズン終盤の10月、来季に向けての編成会議を開いたのだった。

編成会議は来季に向けた重要な会議だ。広野、米田、田尾の3人が集まり、どんな選手をドラフト指名するか、そして誰を戦力外にするかというチームの指針を決めた。

「当時は野村克也さんの監督就任の噂が流れていましたが、田尾監督は3年契約でしたし、私もコロコロ監督を変えるべきではないと思っていました。以前から、米田と私は田尾続投という方針を確認し、オーナーにも何度も米田が『田尾でいきますよ』、と念押ししていました。当日、オーナーは仙台ではなく東京にいたのですが、承認は得ていました。だから、当日の編成会議にも田尾は出席していたのですよ」

しかし、会議終了後30分もしないうちに米田が血相を変えて広野のもとに走ってきた。

「広野さん、大変です！」

「どうした！　まさかオーナーが死んだのか！」

「違います！　オーナーが田尾をクビにしろと言っています！　次は野村監督だと東京でオーナーと島田球団社長の間で決まったそうです。もう、明日発表するということです！」

田尾続投を一度了承したにもかかわらず、急転直下で方針を変更されたのだ。広野の怒りと徒労感はもはや限界を超えていた。

「ほんとに、あのときは怒りでテーブルをひっくり返そうと思いましたよ。ふざけるな、なんのための編成会議だったんだと。それと同時に、この球団にいたら体が持たない、いつか死ぬなと思いました。田尾と一蓮托生で、自分から辞めようと決めたんですわ」

　三木谷は楽天における天皇である。三木谷の決断が覆ることがないのは広野も十分わかっていたため、広野は最後の仕事として野村政権の組閣に取り組み始めた。広野が招聘し、楽天の初代ヘッドコーチだった（シーズン途中に二軍監督へ配置転換）慶應大の後輩、山下大輔を編成部長に据えるなど、後の布陣を固めたのである。

「巨人のスカウトをしていた〝青い稲妻〟松本匡史も私に『コーチがしたい』と言っていました。二度の盗塁王に輝いた彼の走塁技術は楽天の指導に必要だと思い、巡回の走塁コーチとしてリストに挙げました。松本には『楽天は大変だから、体だけは鍛えとけ』と伝えましたけど」

　2005年10月初旬、この組閣リストを受け取った米田は、不思議そうに問いかけた。

「あれ？　広野さん、あなたの名前がないけど」

「いや、俺はもう辞めるから」

　ここで広野は辞意を伝えたのだ。

　振り返れば、編成会議の前にも、ゴタゴタがもう一件あった。

ヤクルトと西武を監督として日本一に導き、ロッテのGMも経験していた広岡達朗のGM就任が検討されていたという。しかし、それも三木谷との意見衝突から立ち消えになった。

「清原和博が巨人を退団することもない、オーナーは観客が増えることを狙って清原獲得を希望していたようです。GMを打診されていた広岡さんはそれに大反対しました。アメリカ視察中の僕にも広岡さんから電話があり、清原について相談されました。私も広岡さんと同じく、今の楽天には必要ないという気持ちを伝えました。右の長距離砲は山﨑もいましたし、戦力的には十分でしたからね。しかし、それでオーナーと広岡さんの関係がこじれたんでしょう。アメリカから帰国すると、広岡GMの話はすっかりなくなっていたんですわ」

このようないざこざに辟易としていた広野にとって、先の編成会議からの一連の経過は、心が折れるのに十分すぎた。そして、11月の秋季練習の最終日に広野は選手たちに辞任の旨を伝え、こう言葉をかけた。

「私は今年で辞める。君たちは1年目よく頑張った。あとは君たちで楽天の歴史を作ってくれ」

長年、プロ野球界に身を置いてきた広野にとって、自ら辞任を切り出したのは楽天しかない。それほど、プレッシャーとストレスがかかる職場だったのである。こうして広野の新球団の初代編成部長としての仕事は終わった。

広野が基盤を作った楽天は、初年度の2005年は38勝97敗1分と大きく水をあけられての最下位に終わったが、その後、野村監督時代に甲子園のスター、田中将大（駒大苫小牧高）を獲得。マーティ・ブラウン監督を経て、星野仙一監督時代には、設立9年目にしてついに悲願の日本一に輝いた。広野がかつてオーナーに言った「今は我慢、10年後には優勝します」という言葉通りになったわけだ。

「野球界には運がついて回りますが、楽天は勝ち運がある球団だと思います。野村さん時代に田中将大という大投手を引き当てたのも運です。『マー君、神の子、不思議な子』と野村さんはボヤきながら育て、そして星野仙一というこれまた勝ち運に恵まれた監督が就任。田中将大が24連勝して日本一したのも勝ち運がついていた。最初は宮城が本拠地となることに現地の野球関係者からは、〝総スカン〟だったのですが、よくここまで地元に応援されるチームになったものだと感慨深いです」

楽天球団仙台本拠地の真相

広野がいう「総スカン」のわけは、1974(昭和49)年まで遡る。当時、ロッテオリオンズは特定の本拠地を持たない球団運営を行っており、後楽園球場、明治神宮野球場、川崎球場、そして宮城球場を使用していた。

ロッテは、1974年から宮城を本拠地とする旨を発表。しかし、同年のロッテが進出した日本シリーズでは後楽園球場が使用されることになる。「収容人数3万人以上」という実施要項に対し、宮城球場は2万8000人と3万人に満たなかったからだ。さらに、この年ロッテは日本一になったものの、優勝パレードや祝勝会を本拠地とした宮城で行わなかった。そのことで、宮城のファンや関係者から批判を浴びたのである。

「そのような歴史があるため、またプロ野球には梯子を外されるんじゃないかという意識が当時の宮城では強かった。しかし、選手の頑張りはもちろん、早くから公式応援歌をつくり、広めたこと、負けても負けても田尾監督が爽やかにインタビューに応じたことなどが、ファンの心を掴んだのだと思います。1年目は本当に大変でしたけど、50年ぶりの新球団立ち上げに関われて、野球人として濃密な時間を過ごすことができ、いい思い出になっています」

これ以来、広野はプロ野球界とは関わりを持っていない。楽天球団創設は、表に裏に40年にわたってプロ野球界を流転してきた男の最後の仕事となった。

（了・文中敬称略）

エピローグ—— 野球の歴史とともに生きている男

楽天を退団した後、広野は野球の裾野を広げるため、アマチュアの指導に目を向けている。「広野功 Base Ball Clinic」を開設して少年野球を指導し（現在は休止）、住友金属鹿島野球部、JR東日本東北野球部などの社会人や中部学院大学などでもコーチを務めた。

80歳になった今でも、バイタルネットなどの社会人をはじめ、新潟高校、盛岡姫神リトルシニアなどの指導で全国を駆け回る野球中心の生活を送っている。

「もうトシだから辞めたら?」と妻には言われるものの、ユニフォームを着て、バットを持てば、野球人としての血が騒ぎ、勝手に体が動いてしまうという。iPadで撮影して打撃指導を行うなど新たなテクノロジーも積極的に取り入れる。筆者に見せてくれた動画フォルダには、指導した選手の練習姿がみっちり詰まっていた。選手たちの動画を見る広野の表情は、まるで我が子を眺める親のようである。

自分が愛した野球に打ち込んでくれる子どもたちは、可愛いくてたまらないのだろう。

「こんな僕の人生が本になるの？」

取材中、広野は笑いながら筆者に何度もこう問いかけた。しかし、「こんな」と謙遜する広野の人生はプロ野球の歴史そのものであり、後世に残す価値があることは間違いないだろう。

こう言うと広野は「そうですかぁ。そういえば、こんな話もありましたわ」とまた球界の裏話を楽しそうに話してくれるのだった。

導かれたように野球の道へ進んだ広野。落合、清原、イチローら選手への指導にとどまらず、球団設立などその人生を懸けて取り組んだ球界への貢献度は計り知れない。

「僕は運があったんですわ。人との出会いに恵まれただけですよ」

広野はガハハと笑い、残り少なくなったアイスココアを啜る。野球の神様に人生を導かれた男の使命は、まだまだ終わりそうにない。

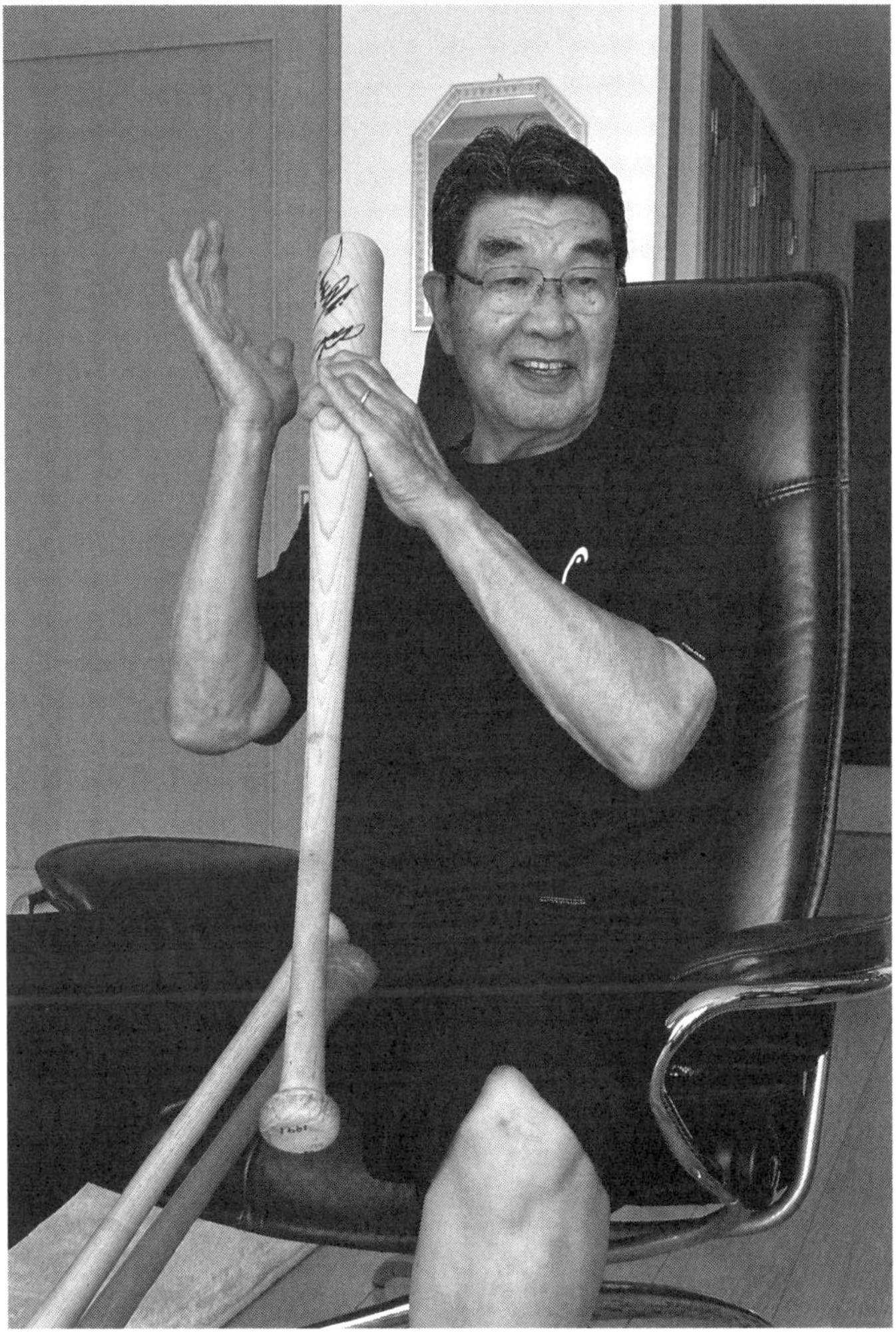

落合、清原、イチローらから寄贈されたバットの芯の音を聞き、打撃論を語る広野。
2024（令和６）年９月 12 日、大田区の自宅にて

あとがき

広野功さんと初めて会ったのは２０２３（令和５）年10月25日だった。『Ｎｕｍｂｅｒ Ｗｅｂ』で掲載する落合博満さんの記事の取材として、盛岡姫神リトルシニア経由で連絡を取ったのが始まりだった。取材の趣旨としては、ロッテ時代の落合さんについて話を聞く、というもので、当時打撃コーチだった広野さんなら、いろいろと知っているのではないかという安直な考えだった。

広野さんは電話口で「もう40年くらい前のことだから、覚えてるかわからんですわ」と笑っていたものの、いざ取材が始まるとそれまで聞いたことがないエピソードばかりで、新たな落合像が垣間見れた。その一方で、40年前の日付や発言、打席の結果など詳細な記録を諳じる広野さんの記憶力に驚かされた。

取材は、落合さんの話題にとどまらず、広野さんの生い立ちなどへ話は広がり、気づけば4時間が経っていた。野球の神様に導かれたような広野さんの人生を活字として残すべきだと思ったのは、この日からだった。

2024年春に単行本としての企画が通り、刊行が決まった。このときも広野さんは「僕の人生なんかが本になるの？」と笑っていた。こうして、原稿執筆に向けて、本格的に広野さんへの取材が始まった。

ここで少し、筆者自身の話をさせていただきたい。私は高校まで野球をし、甲子園を目指していた球児のひとりだった。山形の田舎の公立校だったが、監督が早稲田大野球部の出身ということもあり、比較的厳しい部活だったと思う。ただ、最後の夏の甲子園予選では、のちに山形県勢初の夏ベスト4入りを果たすことになる日大山形の奥村展征（元・巨人、ヤクルト、現・楽天二軍内野守備走塁コーチ）に、私がスリーベースを打たれるなどして、あえなく敗北。部活の引退と同時に、私の野球への情熱は消え、大学進学を機に草野球も含めて、ほとんど野球に触れない時期が続いた。

こんな中途半端に野球と関わっていた私にとって、広野さんの人生はある意味ショックだった。ここまで、野球に人生を捧げ、翻弄された人と実際に会って話したのは初めてだったからだ。ただ、ショックと同時に、猛烈に羨ましかった。自分も広野さんほど野球に見初められ、それにかなうような努力ができ、結果を残せていたなら今頃どうなっていただろうと思わずにはいられなかった。それほど、広野さんの人生は刺激にあふれ、野球人として充実しているように感じたのだ。このような、私の羨望の眼差しも原稿に反映されている可能性は否定できないので、読者の方にはご容赦いただきたい。

また、1994年生まれの筆者にとって、王貞治や長嶋茂雄、堀内恒夫、星野仙一らの現役時代は、あまりに遠い過去であった。黒い霧事件や巨人のV9も事実としては知っていたが、イメージが湧かず、もはや都市伝説のように感じていた。しかし、広野さんの臨場感あふれる語りを聞き、彼らの現役時代や全盛期をありありと想像することができた。筆者の拙い原稿から、それが読者のみなさんにも伝わっていれば幸いである。

このように50歳も年下で、当時の野球界のことなどほとんどわからない筆者のような若造に懇切丁寧に話をしていただき、快く本を書くことを許していただいた広野さんには感謝してもしきれません。初めての単著執筆に苦戦している筆者を察したのか「大変だと思いますが、体調に気をつけて頑張ってください」と、ことあるごとに広野さんは言葉をかけてくださいました。そのときは心配をかけている情けなさを感じると同時に、広野さんの優しさに救われていました。本当にありがとうございました。

本書の出版を編集として実現していただいた扶桑社「週刊SPA!」編集部の遠藤修哉さんにも感謝を申し上げます。元高校球児で、東京ヤクルトスワローズの熱狂的なファン、そして野球ライターの先輩でもある遠藤さんをおもしろいと唸らせることを目指して執筆していました。

また、広野さんと出会うきっかけをいただいた文藝春秋Number Web編集部の野田健介さんにも深く感謝いたします。

最後に高校まで野球をさせてくれて、現在まで私を応援し続けてくれる家族にも感謝を伝えたい。野球をさせてもらっていなければ、こうして広野さんと出会うこともありませんでした。ありがとうございました。

2024年9月吉日　沼澤典史

巻末付録——

広野 功 球歴

1943年（**昭和18年**）**10月16日、徳島県徳島市に生まれる**

1959年（**昭和34年**）**徳島県立徳島商業高等学校入学**

1960年春、夏、全国高校野球選手権に出場（夏季大会はベスト4）

1962年（**昭和37年**）**慶應義塾大学法学部政治学科入学**

在学4年間で8ホームランを打ち、長嶋茂雄選手（立数）とタイ記録を作る。在学中3度の優勝に貢献。1965年マニラで行われたアジア大会に全日本代表の4番打者として出場、3本のホームランを放ち、本塁打王となり優勝に貢献

1966年（**昭和41年**）**中日ドラゴンズ入団**

ドラフト一期生（ドラフト3位）として入団。8月2日、巨人堀内恒夫投手から逆転満塁サヨナラホームランを放ち新人王争いをする

1968年（**昭和43年**）**西鉄ライオンズ移籍**

1969年のオールスターゲームに出場、1970年、「黒い霧事件」が発覚。4人が永久追放をされるのを目撃

1971年（**昭和46年**）**読売巨人軍移籍**

5月20日、ヤクルト会田照夫投手から代打逆転満塁サヨナラホームランを打つ。

（満塁サヨナラホームランはプロ野球史上3人目）。逆転満塁サヨナラホームランを2本打ったのはプロ野球史上ただ一人。1973年4月27日、中日戦で星野仙一投手から代打逆転満塁ホームランを打つ。巨人のV7～9に貢献

1974年（**昭和49年**）**中日ドラゴンズ移籍**
20年ぶりの中日の優勝に貢献する。同年現役引退。
現役成績（実働9年、689試合、打数1844、安打440、打率2割3分9厘、本塁打78、打点264）

1975年（**昭和50年**）**中日新聞社入社**
中日スポーツ総局にて記者を務める

1978年（**昭和53年**）**中日ドラゴンズ二軍打撃コーチ就任**
1983年、ウエスタン・リーグ優勝を飾り、ベストコーチ賞を受賞

1984年（**昭和59年**）**ロッテオリオンズ一軍打撃コーチ就任**
稲尾和久監就任に伴い稲尾監督の要請によって就任。1984年、チーム打率2割7分5厘（1位）。1985年、同打率2割8分7厘（1位）。1986年、同打率2割8分1厘（1位）。※1985年、1986年は12球団一位の打率。この間、落合博満を打撃指導、1985年、1986年と二年連続三冠王になる

1987年（**昭和62年**）**野球評論家活動開始**
東海ラジオ、三重テレビの解説者に就任

1988年（昭和63年）西武ライオンズ一軍打撃コーチ就任
1988年、チーム打率2割7分（1位）。日本シリーズ制覇（対中日）。1989年、同打率2割7分1厘（2位）。1990年、同打率2割6分3厘（3位）。巨人に4連勝のストレート勝ちで日本シリーズ制覇、シリーズチーム打率3割3分6厘は新記録）。1991年、チーム打率2割6分5厘（1位）、日本シリーズ制覇（対広島）

1992年（平成4年）西武ライオンズ三軍監督就任

1993年（平成5年）西武ライオンズ二軍監督就任
松井稼頭央、垣内哲也、豊田清らを育てる

1994年（平成6年）西武ライオンズ一軍打撃コーチ就任
リーグ優勝（5連覇）チーム打率2割7分9厘（2位）。森祇晶監督勇退。東尾修監督誕生

1995年（平成7年）西武ライオンズ二軍打撃コーチ就任
大友進、小関竜也らを育てる。1996年10月退団

1997年（平成9年）千葉ロッテマリーンズ二軍打撃コーチ就任
6月24日、一軍打撃コーチに昇格。福浦和也、小坂誠らを育てる

1998年（平成10年）千葉ロッテマリーンズ一軍打撃コーチ就任
チーム打率2割7分1厘（1位）、平井光親（3割2分＝リーグ2位）、初芝清（2割9分6厘）を復活させる

1999年（平成11年）千葉ロッテマリーンズヘッド兼打撃コーチ就任
この年、プロ野球界在籍30年となる
2000年（平成12年）千葉ロッテマリーンズ一軍打撃コーチ就任
2001年（平成13年）千葉ロッテマリーンズ球団代表付部長就任
10月15日、編成部長に就任。2003年12月、退団
2004年（平成16年）中日スポーツ評論家就任
2004年（平成16年）東北楽天ゴールデンイーグルスの編成部長就任
この年、パ・リーグに新規参入球団として楽天ゴールデンイーグルス誕生。
11月、編成部長に就任。チームづくりに貢献
2005年（平成17年）東北楽天ゴールデンイーグルス編成部長兼GM補佐就任
5月GM代行に就任。10月、田尾安志監督の更迭に伴いGM代行辞任、退団
2006年（平成18年）東京中日スポーツ評論家及び野球解説者に就任
「広野功 Base Ball Clinic」を東京・町田の「ドリームスタジアム町田」に開設。少年野球指導を開始する
2008年（平成20年）～現在（令和4年）アマチュア野球指導者
バイタルネット野球部、住友金属鹿島野球部、新潟県立新潟高等学校野球部、慶應義塾大学野球部、盛岡姫神シニアなどの指導を歴任

8月「ドリームスタジアム町田」閉鎖に伴い「BASEBALL CLINIC」を休止

2009年（**平成21年**）アマチュア野球指導（新潟バイタルネット硬式野球部など）

3月　社団法人全国野球振興会（日本プロ野球OBクラブ）理事兼推進部会委員長に就任

2010年（**平成22年**）

バイタルネット野球部を指導して2年、北越代表として都市対抗野球大会（東京ドーム）に初出場。全国大会出場は創部以来39年ぶり、新潟県勢としては40年ぶり。

日本プロ野球OBクラブの派遣事業に従事、各地で野球指導に当たる。

2011年（**平成23年**）

社会人野球部2チームを指導（新潟、バイタルネット野球部、住友金属鹿島野球部）

バイタルネット野球部、北信越大会に優勝。2年連続、都市対抗野球大会に出場。

住友金属鹿島野球部、北関東大会に優勝。2年連続、都市対抗野球大会に出場。

2012年（**平成24年**）

日本プロ野球OBクラブの役員辞任。（6月）

社会人野球部3チームを指導（新潟・バイタルネット野球部。住友金属鹿島野球部、中部学院大学野球部、JR東日本東北野球部、10月から指導）

バイタルネット野球部、北信越大会に優勝。日本選手権大会に出場。

住友金属鹿島野球部、東北大会に優勝。日本選手権大会に出場

2013年（**平成25年**）

社会人野球部3チームを指導（新潟・バイタルネット野球部、JR東日本東北野球部、新日鐵住金鹿島野球部）バイタルネット野球部、北信越大会に優勝。日本選手権大会に出場。

12月14日　学生野球資格回復研修制度を修了

2014年（**平成26年**）

社会人野球部2チーム（新潟・バイタルネット野球部、JR東日本東北野球部）を昨年に引き続いて指導。バイタルネットは7年目になる

3月16日　学生野球資格回復研修制度を活用。新潟県立新潟高等学校野球部を指導。毎月指導に当たる。

盛岡姫神リトルシニアチームを指導。

バイタルネット野球部、JR東日本東北野球部は共に都市対抗野球大会、日本選手権大会に出場。

盛岡姫神リトルシニアチームの総監督に就任（11月）

2015年（**平成27年**）

社会人野球部3チームを指導（新潟・バイタルネット野球部、仙台JR東日本東北野球部、新日鐵住金鹿島野球部）

新潟県立新潟高等学校野球部、新潟開志学園女子野球部を指導。

盛岡姫神リトルシニアチームを指導、新潟江南リトルシニアチームを指導

2016年（**平成28年**）

社会人野球部3チームを指導（新潟・バイタルネット野球部、仙台JR東日本東北野球部、新日鐵住金鹿島野球部）

中部学院大学野球部を指導。

新潟県立新潟高等学校野球部、盛岡県立第一高等学校野球部、新潟開志学園女子野球部を指導。

盛岡姫神リトルシニアチームを指導

2017年（**平成29年**）
社会人野球部指導（新潟・バイタルネット野球部、新日鐵住金鹿島野球部。JR東日本東北野球部は6月で終了。藤井監督の退任に伴って）
中部学院大学野球部を指導。
盛岡姫神リトルシニアチームを指導。

2018年（**平成30年**）
社会人野球部2チームを指導（新潟・バイタルネット野球部、新日鐵住金野球部）
中部学院大学野球部を指導。
新潟県立新潟高等学校野球部を指導。
盛岡姫神リトルシニアチームを指導

2019年（**平成31年、令和元年**）

社会人野球部を指導（日本製鉄鹿島野球部）新潟・バイタルネットは佐藤英二監督の退任に伴い終了。

中部学院大学野球部を指導。

新潟県立新潟高等学校野球部を指導。

盛岡姫神リトルシニアチームを指導。

2020年（令和2年）
★新型コロナウイルス発生のため指導が制限される。緊急事態宣言の発令。
日本製鉄鹿島野球部を指導。都市対抗野球大会出場
中部学院大学野球部は新型コロナウイルス感染者が部員に出たために4月から部活中止。9月から活動再開。指導は中止。
新潟県立新潟高等学校野球部は9月から活動開始、指導する。
盛岡姫神リトルシニアチームは緊急事態宣言解除後に指導する。

2021年（令和3年）
★新型コロナウイルスの緊急事態宣言が1都3県（東京都、神奈川県、千葉県、埼玉県）に発令されて指導中止。日本製鉄鹿島野球部を3月に指導。
★緊急事態宣言延長～5月31日再延長～6月20日。指導を自粛。
盛岡姫神リトルシニアチームをＺｏｏｍでリモート指導する。
★12月1日から慶應義塾大学野球部の打撃指導に当たる。指導日は月水金。

2022年（令和4年）
慶應義塾大学野球部を指導（3月で終了）
新潟・バイタルネット野球部を指導（月2日）佐藤監督復帰就任に伴って要請される。
1月から始動、日本選手権大会出場
盛岡姫神リトルシニアチーム指導。（不定期）

2023年（令和5年）
新潟・バイタルネット野球部指導（月2日）、全国都市対抗野球大会出場
日テレドリームコーチング登録、子どもたちを指導。
新潟県立新潟高等学校野球部指導（4月）２０２０年以来コロナウイルス収束に伴い指導

2024年（令和6年）
新潟・バイタルネット硬式野球部指導（月2日）
盛岡姫神リトルシニアチーム指導（不定期）
新潟県立新潟高等学校野球部を指導（不定期）

参考文献

●『週刊ベースボール』令和5年5月20日号～6月10日号
●『オリオンズ　さすらいの旅路　1950年～1991年　激動の時代を生きた男たちの光と影』（ベースボール・マガジン社）ベースボールマガジン編集部／編　髙橋大司／著
●『スポーツニッポン』昭和40年10月22日、昭和44年10月9日、昭和45年5月26日、平成16年6月24日
●『日刊スポーツ』平成27年1月13日
●『野球年鑑』（東京六大学野球連盟）昭和32年度、昭和39年度、昭和40年度
●『報知新聞』平成3年2月14日

〈テレビ〉
●『NHKスペシャル「球団創設～楽天・プロ野球経営の舞台裏～」』
●『ナイターフィラー「ここで1発！　男のドラマ」』

〈ウェブサイト〉
●『Number　Web』
「あんたら、おかしいよ?」楽天・初代編成部長が見た〝地獄〟…まさかの〝スカウト0人〟でドラフト会議「他球団が絶対に指名できないピッチャーがいた」

まさかの11連敗「お前はクビだ!」事件も…楽天・初代編成部長が見た〝地獄〟、初のドラフトは〝ドタバタ指名〟続き「彼はプロ志望届を出しているのか?」

「大変です、田尾クビです!」楽天・初代編成部長が見た〝地獄〟「この球団にいたら、いつか死ぬな…」〝突然すぎた〟野村克也監督就任のウラ側

〝無口な〟落合博満が酒を飲むと…「僕はピッチャーを絶対信用しない」ロッテ時代のコーチが証言する「落合がバーで語ったバッティングの秘密」

ロッテ落合博満が怒った「日本のピッチャーはだらしない」あの落合が2時間休まず〝ゴロ捕球〟…2年連続三冠王、落合の知られざる〝鬼練習〟

「落合はそら嫌われるわ」ロッテ落合博満、三冠王のウラに〝名コーチ〟がいた…落合が〝悩み相談〟した日々
「でも彼はありがとうも言わない」

（いずれも筆者著）

甲子園史に残らない徳島商の優勝。幻の夏を経験した〝元戦士〟の言葉（小西斗真著）

●『web Sportiva』
タメぐち、生意気な巨人の堀内に怒り、逆転サヨナラ満塁弾を浴びせた男（高橋安幸著）
プロ野球選手から新聞記者になり、球団幹部になった広野功の野球人生（高橋安幸著）

●『NPB』公式サイト
●『中日ドラゴンズ』公式サイト
●『埼玉西武ライオンズ』公式サイト
●『千葉ロッテマリーンズ』公式サイト
●『読売ジャイアンツ』公式サイト
●『東北楽天ゴールデンイーグルス』公式サイト
●『一般財団法人　東京六大学野球連盟』公式サイト
●『東京六大学野球公式記録室』
●『慶應義塾体育会野球部』公式サイト
●『NHK　戦争を伝えるミュージアム』

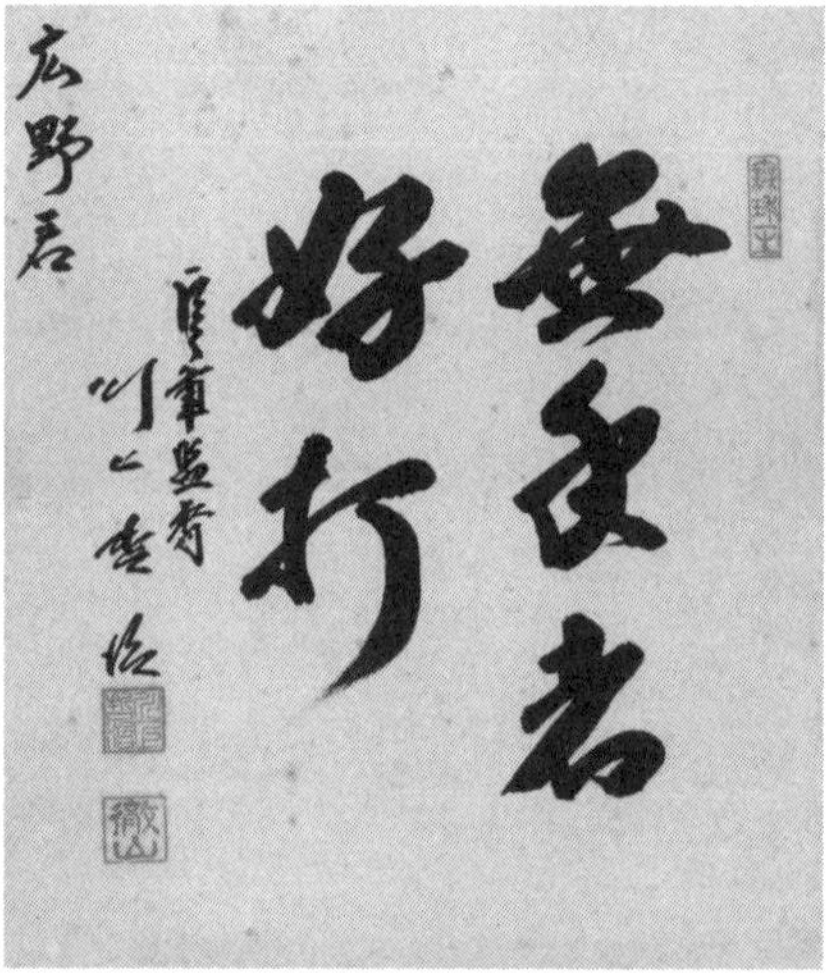

広野が巨人時代川上哲治から贈られた直筆の書

写真協力／広野 功
カバー・帯・本文DTP／小田光美
校閲／岩重 宏
編集協力／野中ツトム（清談社）
編集／遠藤修哉（週刊SPA！編集部）

野球に翻弄された男 広野功・伝

発行日　2024年11月1日　初版第1刷発行

著　者　沼澤典史
発行者　秋尾弘史
発行所　株式会社 扶桑社
〒105-8070
東京都港区海岸1-2-20　汐留ビルディング
電話　03-5843-8194（編集）
03-5843-8143（メールセンター）
www.fusosha.co.jp

印刷・製本　中央精版印刷 株式会社

ISBN978-4-594-09874-2